소통과
공감을 여는
통합예술
놀이
놀이가 답이다

마인드큐브 책은 지은이와 만든이와 읽는이가 함께 이루는 정신의 공간입니다.

소통과
공감을 여는

통합예술
놀이

이훈 지음

놀이가 답이다

아이들에게
놀이는 본능이자 삶이다

"새들은 날아다니고, 물고기들은 헤엄치며, 아이들은 논다."

_게리 랜드레스^{Garry Landreth}

"예술은 지식이 놓친 사람의 마음을 전해준다."

언제부터인가 알 수는 없지만 지금까지 늘 가슴에 새기고 있는 글이다. 또한 지난 20년 동안 내가 살아온 길을 설명할 수 있는 글이고, 이 책을 쓰는 동기이며 이유이고, 나아가 목적이기도 하다.

오래전부터 약자를 편들어 주는 사람이 되고 싶었다. 그들의 입장이 되어서 온전히 그들과 함께 마음을 나누는 그런 사람이 필요하다고 생각했기 때문이다. 물론, 대학생이 되고 나서야 알게 된 세상의 온갖 모순들이 엄청난 크기와 무게로 약자를 짓밟고 있는 현실을 직시하고선 나 역시 혁명가를 꿈꿨다.

하지만 얼마 지나지 않아서 알게 되었다. 난 혁명가가 될 수 없다는 것을….

한때 혁명가를 꿈꾸던 나의 현재 모습은 이렇다. [통합예술공간 아침교육연구소]의 대표이고, 플레이백시어터 전문 극단인 [노는극단]의 배우이며, 긍정심리강점전문가, 미디어치료전문가, 하브루타문화교육사, 자기주도학습지도사, 인성교육지도사, 진로교육전문가, 통합예술심리상담사, 통합예술놀이전문가, 놀이심리상담사, 모래놀이상담사, 세계전래놀이전문지도사, 보드 게임지도사

로서 활동하고 있다.

　다소 복잡해 보이기도 하는 이력이지만 모든 공통점은 아마도 누군가의 이야기를 듣기 위해서, 또 그들의 옆에서 편들어 주고 함께 놀기 위해서 달려온 과정의 결과물일 것이다. 이렇듯 다양한 활동을 꾸준히 이어오면서 깨달은 것이 있다. 혁명가를 꿈꾸던 내가 세상을 바꿀 수는 없어도 힘들고 아픈 사람들이 좀 더 행복한 삶을 살아가도록 조금이라도 도울 수 있겠다는 생각이 그것이다.

　"새들은 날아다니고, 물고기는 헤엄치며, 아이들은 논다."

　아이들에게 놀이는 본능이자 삶이다. 물론 아이들뿐만 아니라 어른들에게도 마찬가지로 본능이자 삶이다. 그럼에도 아이들의 놀이가 더 중요한 이유는 어릴 적 놀이의 경험이 충분하지 않으면, 성장한 이후에도 행복한 삶을 이루기가 매우 힘들기 때문이다.

　지금 일어나고 있는 아이들의 아픔과 우리 교육의 문제는 아이들에게서 놀이를 빼앗아 간 것에서부터 시작되었다. 그것이 개개인의 아픔을 만들고 각자의 행복을 막아서고 있다. 지금이라도 새가 날아다니는 것처럼, 물고기가 헤엄치는 것처럼, 그렇게 아이들에게 놀이를 돌려주어야 한다.

"예술은 지식이 놓친 사람의 마음을 전해준다."

누구에게나 살아가는 나의 삶은 행복한 삶이기를 바란다. 행복을 위해서 공부하고, 누군가를 만나고, 심지어 행복을 지키기 위해 저항하며 싸운다.

부모가 자식이 공부 잘하기를 바라는 것도 자식의 행복한 삶을 위해서고, 사회가 개인의 평생 학습을 강조하고 이어가는 것도 그 공동체가 행복한 삶을 살아가는 각자의 공동체이길 추구하기 때문일 것이다.

하지만 행복을 위한 공부는 어느새 지식의 조각들 모으기로 추락했다. 학생들뿐만이 아니라 모두에게 필요한 것은 이러한 단편적인 지식들의 조각 모으기가 아니라, 평생을 갖고 갈 수 있는 감수성에 대한 배움의 경험이 필요하다.

감수성을 경험하고 키우는 과정에서 자신을 성찰하고, 다른 사람을 배려하고 공감하는 따뜻함을 간직하여, 삶의 과정에서 부딪치게 될 어려움을 극복할 수 있는 힘을 갖게 될 것이다.

약자들은 부족한 존재이고 그래서 무시되어도 되고, 때론 위험하기도 하다는 그릇된 인식들을 깨고 싶었다. 그들도 충분히 할 이야기가 있기에 그들의 이야기에 귀 기울여야 한다. 그리고 함께 행복한 삶을 꿈꾸고, 그 꿈을 이룰 수 있도록 함께 손잡아야 한다.

말하지 않아서 나는 모른다고 말하지 말자. 스스로 알지 못하는 내면의 소리까지 말할 수 있도록 해서 그 소리에 내 마음까지 움직일 수 있도록 하자. 물론 당연히 쉽지 않을 것이다.

쉽지 않은 길을 나는 놀이를 통해서 찾아가는 과정에 있다. 아직도 많이 부족하다는 것을 알지만 지금까지 내가 배우고 활용했던 놀이를 함께 이야기해 보고 싶다. 그래서 이 책을 쓴다. 누군가에겐 도움이 될 것이고 그래서 그의 삶이 조금 더 행복해질 수 있다면 얼마나 신나고 뿌듯한 일인가.

2024년 5월
저자 이훈

통합예술놀이란
무엇인가

'예술'이란 단어를 들으면 우선 음악·미술·연극 등의 다양한 예술 장르가 떠오르거나 아니면 각 분야에서 활동하고 있는 예술가라고 불리는 사람을 떠올릴 것이다. 그렇게 예술가가 아닌 일반인의 입장에서 예술은 어려운 것이고, 쉽게 접근할 수 없는 영역이어서 특별한 재능이 있거나, 오랜 시간 동안 배워야 하는 특별한 분야라고 생각한다.

네이버 어학사전에 '예술'을 검색하면 다음처럼 설명하고 있다.

1. 예와 학술을 이르는 말
2. 특별한 재료, 기교, 양식 따위로 감상의 대상이 되는 아름다움을 표현하려는 인간의 활동 및 그 작품
3. 아름답고 높은 경지에 이른 숙련된 기술을 비유적으로 이르는 말

이 책의 제목에 등장하는 '통합예술놀이'에서의 '예술'은 특별한 재능이나 전문적이고 특별한 것을 얻기 위해 배워야 하는 예술이 아니다. '통합예술놀이'에서의 '예술'은 배움보다는 '체험'에 가깝다.

'체험'의 과정은 한 예술 분야에 한정되지 않는다. 그리고 '체험'의 과정에 있는 사람은 배움의 과정보다 자발성, 창의성, 주도성, 우연성, 협력성 등을 경험한

다. 이러한 '예술'에 대한 인식의 전환은 '예술'에 대한 쓰임을 바꿀 수 있다.

'체험'으로서의 예술은 현재 크게는 두 분야에서 활용되고 있다. 한 분야는 '통합예술교육'이란 이름으로 교육현장에서 새롭게 주목받고 있고, 최근 활동의 폭을 넓히고 있다. 또 다른 한 분야는 '통합예술치료(치유, 상담)'의 등장이다.

통합예술교육

지식을 배우기 전에 먼저 체험하고, 몸과 감각을 깨워 몸으로 이해하고, 다양한 예술 언어로 만들어서 자율적으로 표현하는 활동이다.[1]

누군가에게 예술교육을 받는다고 말하면 아마도 이렇게 물을 것이다.

"어떤 예술을 배우는데? 피아노? 연기? 사진?"
"어느 정도 배웠어?"
"잘해? 상은 탔어?"

이처럼 어떤 예술 분야를 배우는지, 그리고 기량은 얼마나 되는지가 중요한 관심거리다. 그러나 통합예술교육에서의 관심거리는 전혀 다른 곳에 있다.

---

1 백령, 〈통합예술교육이란 무엇인가?〉

1. 교육 참여자가 누구인가?
2. 누구와 함께 하는가?
3. 어떤 체험활동을 하는가?

　이렇게 주된 관심거리가 서로 다른 것은 통합예술교육에서 예술교육은 "특정 예술 분야에 대한 기술 연마 위주의 예술교육이 아닌 예술을 통하여 다양한 삶의 관점을 경험하고 질문을 던지고 타인을 이해하며, 삶의 아름다움을 체험함으로 스스로의 변화를 이끌어내는 예술교육인 것이다.[2]

통합예술치료

　지금까지 예술치료는 오래전부터 여러 분야에서 다양하게 발전되어왔다.[3]

　예술이 치료의 역할을 감당할 수 있는 것은 예술의 창조성에 기인한다. 예술은 각자 창조적인 예술 활동을 통해서 내담자의 감정이나 내면세계를 스스로 자발적으로 표현하게 하고, 사고나 감정, 행동의 제한점을 개선하고 유지시키는

2　백령, 〈통합예술교육이란 무엇인가?〉
3　미술, 음악, 연극, 문학, 무용 등 예술활동을 통해 말로 표현하기 힘든 감정이나 내면세계를 표현하고 기분의 이완과 감정 스트레스를 완화시키는 심리치료 방법이다. - 네이버 지식백과

것에 활용할 수 있기 때문이다.

통합예술치료는 음악, 미술, 무용, 문학, 연극, 미디어 등과 같은 예술 매체를 두 가지 이상 통합적으로 결합하는 예술 치료다.

통합예술치료의 장점은 이러하다.[4]

1. 내담자의 호소문제와 증상, 치료목표, 예술매체의 기호에 따라 다양한 예술 매체를 자유롭게 적용함으로써 내담자 중심의 치료가 가능하다. 이는 치료 적 효과의 극대화로 연결될 수 있다.

2. 통합예술치료는 누구나 가슴 안에 자신을 회복하고 치유할 수 있는 힘을 가지 고 있다는 믿음을 바탕으로 한다. 그러므로 치료사는 내담자의 수평적 치료관 계 안에서 내담자 스스로가 회복하고 치유할 수 있도록 촉진하며 돕는다.

3. 치료 단계와 목적에 따라 다양한 예술매체의 특성을 반영하여 적용함으로 서 안전한 심리작업을 할 수 있다.

4. 심리적 주제를 탐색하는데 있어 다양한 예술매체를 순환적으로 활용함으 로써 신체, 정서, 인지의 통합을 효과적으로 도울 수 있다.

---

4   이정주, [힐링트리 통합예술치유연구소]

통합예술놀이
: 놀이가 답이다

하지만 많은 사람들에게 통합예술놀이는 낯설다. 앞서 언급한 것처럼 통합예술교육과 통합예술치료는 하나의 전문 용어로 자리 잡고 있지만 통합예술놀이는 아직 그렇지 못하다. 그렇기에 통합예술놀이에 대한 명확한 개념 정리와 활용 방법, 적용 사례, 관련 연구 등이 전무한 상태다. 이제부터 시작이다. 사명감을 가지고 한발 한발 뜨겁게 나아갈 것이다.

그러면 왜 통합예술놀이인가

한마디로 답하자면 '놀이의 힘' 때문이다. 통합예술교육과 통합예술치료를 공부하고 이를 현장에 적용한 경험이 쌓여가면서 경험한 놀이의 힘은 실로 엄청난 것이었다. 교육 프로그램에서 누군가를 만나고, 상담 프로그램에서 또 누군가를 만나면 난 늘상 어떻게 놀 것인가? 놀 궁리부터 한다.

오래전부터 내가 하는 강의에 꼭 지켜야 할 다짐이 있었다.

1. 무조건 재미있어야 한다.
2. 무조건 함께 해야 한다.
3. 무조건 울림이 있어야 한다.

이러한 다짐은 나에게 놀이의 힘을 경험하고 깨닫게 해주었다.

폭력성이 강한 중학생 내담자를 만나도 제일 먼저 하는 것이 놀이였다. 아니 제일 먼저만이 아니라 첫 만남에서 논 경험으로 그 내담자와의 다음 놀이를 계획하고 실천한다. 어떤 목적이든지 어떤 대상이든지 난 참여자와 놀았고, 함께 웃고, 함께 부둥켜안을 수 있었다.

통합예술교육과 통합예술치료를 '놀이'를 통해서 실천하고 경험한 것들을 이 책을 통해서 나누고자 한다.

이 책의
구성

통합예술놀이를 크게 두 가지 영역으로 나누었다.

첫 번째 영역은 '소통과 공감을 이끄는 통합예술놀이'다.
두 번째 영역은 '치유와 성장을 이끄는 통합예술놀이'다.

그러나 이 책에서는 첫 번째 영역인 '소통과 공감을 이끄는 통합예술놀이'만 다룬다(두 번째 영역을 다룰 기회가 있을 것이다).
소통과 공감을 이끄는 통합예술놀이는 다시 5가지 영역으로 구분했다.

1. **만나는 통합예술놀이:** 참여자 혹은 내담자와의 첫 만남에서 활용할 수 있는 예술놀이를 소개하고 있다. 참여자 혹은 내담자들의 첫 만남은 물론 교육 프로그램의 변경이나 상황에 따라 활용할 수도 있다.
   【예 워밍업, 스팟, 팀빌딩】

2. **만지작 통합예술놀이:** 움직임이 크지 않고 주로 정적인 활동 중심의 예술놀이다. 주로 도구를 활용한 놀이기도 하다.
   【예 미술놀이, 푸드테라피, 모래놀이, 감각놀이, 보드 게임】

3. **움직임 통합예술놀이:** 상대적으로 움직임이 큰 주로 동적인 활동 중심의 예술놀이다. 소근육 보다는 대근육 중심이고 보다 넓은 교육 장소나 실외 활동이 필요한 놀이다.

【**예** 표현놀이, 연극놀이, 교육연극, 미디어활용놀이, 책놀이】

4. **전해오는 통합예술놀이:** 모든 놀이에는 문화가 담겨 있다. 문화로서의 놀이는 놀이의 역사이기도 하다. 오래전부터 내려온 놀이에서부터 변형되고 새롭게 생겨난 놀이까지 전래놀이를 중심으로 기록했다.

【**예** 전통놀이, 전래놀이, 민속놀이】

5. **통합예술놀이 사례:** 통합예술놀이를 여러 영역에서 적용한 사례도 부록으로 첨부했다. 저자 본인의 사례와 함께 2022년 통합예술놀이전문가 자격과정을 통해 배출된 통합예술놀이전문가들이 각자의 활동 분야에서 통합예술놀이를 적용한 사례도 함께 실었다.

그 밖에
하고픈 이야기

○ 통합예술놀이의 구분과 각각의 내용은 이론에 입각하기보다는 실제 현장에서 활동하는 사람들이 활용할 수 있도록 돕는 안내서 역할에 초점을 두었다. 기존에 알려진 놀이도 있을 것이고, 본인이 구상해서 만든 놀이와 기존놀이를 변형한 놀이도 수록했다.

○ 아직 많이 부족한 사람이 이런 책을 낸다는 것이 자랑스럽기보다는 부끄러움이 훨씬 더 크다. 하지만 부끄러움보다 더 큰 것이 나에게 용기를 주었다. 놀이의 힘을 알리고 싶다는 것이다. 소리쳐야 메아리를 들을 수 있고 그래야 더 큰 소리를 낼 수 있다고 믿기 때문이다.

○ 소중한 분들에게 감사한 마음을 전한다. 우선 노유미 단장을 비롯해 오랜 시간 플레이백시어터 무대를 지켜온 [노는극단] 동료들에게 감사한 마음을 전한다. 10년을 함께 울고 웃고 지켜온 세월에서 쌓은 그 무수한 배움에 고개를 숙이며 활짝 웃어 본다.

○ 아울러 통합예술에 눈뜨게 해주고 끝까지 포기하지 않고 나아갈 수 있도록 길을 열어준 [힐링트리 통합예술치유연구소] 이정주 선생님에게 깊은 존경과 감사의 마음을 전한다.

○ 부족한 사람이 개설한 교육과정을 믿고 함께해 주고 성원해 주심은 물론 각자의 영역에서 멋진 활동을 펼쳐 주는 통합예술놀이 전문가들에게 깊은 사랑과 감사의 마음을 전한다.

Chapter 1
만나는
통합예술놀이

1.
8421 안마

개요	처음 만났을 때 또는 진행하고자 하는 프로그램을 시작할 때 서로 친숙해지고 함께 주어진 과제를 재미있게 역동적으로 수행하는 경험을 할 수 있다. 4명의 소수 인원에서부터 100명 이상 많은 인원도 참여할 수 있다.

소요시간   10분~15분

준비물   스톱워치

준비방법   교실에서는 책상 옆에 일렬로 서게 하고, 강당과 같은 넓은 공간에서는 인원수에 맞게 여러 개 줄을 만들고 일렬로 서게 한다.

진행방법
① 모둠별로 줄을 서서 가운데를 바라본다(4명 이상).
② 시작과 함께 앞사람 어깨를 8회, 뒷사람 어깨를 8회 안마하고 가운데를 바라보고 박수를 8번 친다.
③ 같은 방법으로 4회, 2회, 1회를 하고 마지막에는 박수 대신에 "만세"를 외친다.
④ 마지막 "만세"는 줄을 선 모두가 동시에 함께 외쳐야 한다.

⑴ 진행자가 도전 가능한 시간을 제시하거나 스톱워치를 사용할 수 있다.

⑵ 안마 부위를 변경하거나 인마를 손가락 터치로 변경힐 수 있다.

2.
의자 게임 |
: 자리뺏기

개요 10명 이상의 그룹이거나 학교에서 한 학급 단위로 진행하기 좋은 놀이다. 진행하고자 하는 프로그램에 참여 의지가 부족한 참여자 도 이 놀이를 통해 자연스럽게 적극적으로 참여하게 만들 수 있고, 참여자 전체가 놀이에 집중하는 경험을 할 수 있다.

소요시간 10분~15분

준비물 의자, 마킹테이프(의자가 없는 경우 각자의 위치를 표시)

준비방법 바퀴 달린 의자는 위험하다. 쉽게 움직이지 않는 의자를 동그랗 게 하나의 원으로 앉게 한다. 의자가 없거나 공간이 작을 경우에는 마킹테이프로 의자 위치를 표시하고 일어선 상태에서 진행할 수 있다.

진행방법 ① 둥글게 원을 그리며 의자에 앉는다(의자는 인원수와 같게 준비 한다).

② 술래가 원 가운데에 서면 게임이 시작된다(진행자가 규칙을 설명하 며 시작한다).

③ 빈 의자에는 빈 의자의 오른쪽에 앉아 있는 사람만이 이동해 서 앉을 수 있다. 술래가 빈 의자에 앉지 못하도록 빈 의자의 오 른쪽 사람이 빠르게 이동해서 앉는다.

④ 술래가 빈 의자에 앉으면 빈 의자의 오른쪽에 앉은 사람이 술 래가 된다.

진행팁 (1) 과격한 신체 접촉이 일어나지 않도록 사전에 안내하고 진행해야 한다.

(2) 10명 이상의 학급 단위로 진행하기에 적합하다.

(3) 익숙해지면 변형해서 진행할 수 있다. 빈 의자 오른쪽 사람이 빈 의자를 치면서 "바꿔"라고 외치면 방향이 바뀌어 왼쪽 사람이 앉는다.

3.
의자 게임 II
: 고기 부위

개요 짧은 시간에 역동을 일으키기 좋은 놀이다. 진행자 혹은 술래가 외치는 말에 집중하고, 매순간 각자의 빠른 판단과 행동을 발휘해야 살아남는다. 진행과정에서 신체 접촉이 일어나기도 해서 참여자간의 친밀도를 높일 수 있다.

소요시간 10분~15분

준비물 의자, 마킹테이프(의자가 없는 경우 각자의 위치를 표시)

준비방법 바퀴 의자는 위험하다. 쉽게 움직이지 않는 의자를 동그랗게 하나의 원으로 앉게 한다. 의자가 없거나 공간이 작을 경우에는 마킹테이프로 의자 위치를 표시하고 일어선 상태에서 진행할 수 있다.

진행방법
① 좋아하는 고기 부위(또는 꽃, 과자, 동물)를 3명~4명에게 물어보고 순서대로 고기 부위를 지정해준다.
② 술래가 원 가운데에 서고 빈 의자가 없도록 배치한다.
③ 술래가 고기 부위를 외치면 해당하는 사람은 모두 일어나 자리를 바꾼다.
④ 자리에 못 앉은 사람이 술래가 되어 같은 방식으로 진행한다.

진행팁
〔1〕 고기 부위 2개를 외치면 해당 되는 사람은 일어나서 이동한다.
〔2〕 "모듬구이"라고 외치면 모두 일어나서 자리를 바꾼다. 이때 바로 옆자리로 이동할 수는 없다.

(3) 해당되는 사람은 일어나서 자리를 옮긴다.

(2) 술래가 고기 부위를 말한다.

(1) 빈 의자를 뺀다.

4.
의자 게임 Ⅲ
:진실 게임

개요   각자가 경험한 것을 솔직하게 이야기하고, 같은 경험을 한 참여자를 확인하여 동질감을 느낄 수 있는 놀이다. 참여하는 집단과 개인의 특성을 파악할 수 있고, 집단 상담과 연결할 수도 있다.

소요시간   15분~20분

준비물   의자, 마킹테이프(의자가 없는 경우 각자의 위치를 표시)

준비방법   각자의 경험을 이야기하고 나누는 지금의 놀이 공간이 안전한 곳이라고 인식할 수 있게 만들어 준다. 진행자는 참여자 모두가 솔직하게 놀이에 참여할 수 있도록 재미난 맹세문을 하도록 해도 좋다.
(**예** 나는 역사와 민족 앞에 양심에 따라 엄청 솔직하게 놀 것을 맹세합니다.)

진행방법   ① 동그랗게 원을 만들고 의자에 앉는다.
       ② 술래를 1명 정해서여 가운데에 세우고 의자를 1개 뺀다.
       ③ 술래는 자신의 경험을 "나는 ○○한 적이 있다"라고 외친다.
       ④ 같은 경험을 한 사람은 모두 일어나 자리를 바꾼다.
       ⑤ 자리에 앉지 못한 사람이 술래가 되어 같은 방법으로 진행한다.

(3) 같은 경험을 한 사람은 일어나서 자리를 옮긴다.

(2) 술래가 "나는 ~한 적이 있다"라고 말한다.

(1) 빈 의자를 뺀다.

진행팁

[1] 모두가 일상적으로 경험하는 것과 너무 개별적인 것은 제외한다.

　○ 일상적인 경험 : "오늘 아침 밥을 먹었다" "등산을 한 적이 있다."

　○ 개별적인 경험 : "7살 때 놀이공원에 간 적이 있다."

[2] 참가자들이 안전한 공간임을 인식하게 한 후 집단 상담으로 활용할 수 있다.

[3] 진행자는 참가자에게 양심에 따른 참여를 선서하도록 할 수 있다.

5.
별칭 정하기

개요   중장기 프로그램을 진행할 경우에 참여자의 이름을 부르는 것보다 긍정적인 에너지를 서로에게 줄 수 있도록 별명(별칭)을 만들어 부르면 좋다. 각자가 좋아하는 동물과 원하는 형용사를 선택하여 만든, 기분 좋은 별명을 서로가 말하고 들을 수 있다.

소요시간   15분~20분

준비물   화이트보드(또는 큰 종이), 명찰, 매직펜

준비방법   화이트보드 혹은 큰 종이를 벽에 붙여서 진행자가 쓴 글씨를 모두가 볼 수 있도록 준비한다. 명찰 없이 진행할 수도 있고, 명찰에 각자가 선택한 별명을 쓰고 어울리는 이미지를 배경으로 그릴 수 있다. 이렇게 진행할 예정이면 사전에 준비한다.

진행방법   ① 좋아하는(생각나는) 동물 이름을 물어서 칠판이나 큰 종이에 적는다.
　② 긍정적인 형용사를 물어서 반대편에 적는다.
　③ 각자 형용사와 동물을 1개씩 선택하여 자신의 별칭으로 정한다.

진행팁   〔1〕 소극적인 참가자에게는 진행자가 적합한 별칭을 정해줄 수 있다.
　〔2〕 동물 이외의 것도 가능하지만 이름(예 연예인, 게임 캐릭터)은 피하는 것이 좋다.

6.
별칭 불러주기

개요 함께 참여한 사람이 선택한 별명을 불러주면서 서로에게 긍정적 에너지를 전달하고 친해질 수 있는 놀이다. 놀이를 통해 서로의 별명을 빠르게 기억하고, 우리들만의 별명을 서로 듣고 부르면서 소속감을 높일 수 있다.

소요시간 10분~15분

준비물 작은 공(또는 작은 인형, 소품)

준비방법 동그랗게 원으로 앉아서 각자가 선택한 자신의 별명을 소개한다. 소개를 시작하는 사람이 "나는 ○○○입니다"라고 말하면 다음 사람이 "나는 ○○○ 옆에 △△△입니다"라고 말하고 같은 방식으로 계속 이어가면서 서로의 별명을 기억할 수 있도록 사전에 준비한다.

진행방법
① 동그랗게 둘러앉아서 다리를 벌린다.
② 공을 가지고 있는 사람이 "○○한 ○○야 반가워"라고 말하면서 상대편 다리 사이로 공을 굴린다.
③ 공을 받은 사람은 "○○한 ○○야 고마워"라고 인사하고 같은 방식으로 진행한다.
④ 공이 다리 사이를 벗어나면 굴린 사람이 주워서 "○○한 ○○야 미안해"라고 말한 뒤 공을 전달한다.

진행팁 　동그랗게 서서 옆 사람에게 전달하거나 공 대신 손바닥을 마주치며 인사
할 수도 있다.

7.
내가 달라졌어요

개요 타인의 모습과 용모를 주의 깊게 관찰하고 집중하는 경험을 할 수 있다. 또한 누군가가 자신의 모습과 용모를 주의 깊게 관찰하고 집중하는 시선을 바라보면서 자존감과 자신감을 높일 수 있다.

소요시간 10분~15분

준비물 없음

준비방법 진행자는 참여자가 초등 저학년일 경우 놀이에 대한 이해를 높일 수 있도록 사전 설명을 충분히 한다. 진행자의 달라진 3가지를 쉽게 찾을 수 있도록 미리 준비하고 진행한다.

진행방법 ① 참가자가 진행자를 잘 살펴보도록 한 후 밖으로 나간다.
② 진행자는 자신의 몸에서 3가지를 바꾼 뒤 돌아와 달라진 점을 물어본다.
③ 2명이 서로 마주 보고 1명이 뒤돌아서면 나머지 1명이 자신의 몸에서 3가지를 바꾼다.
④ 모둠별로 게임을 진행할 수도 있고, 1명씩 돌아가며 진행할 수도 있다.

진행팁　겉모습에서 보이는 부분만 바꿀 수 있고 자세나 동작은 포함되지 않는다.

8. 등대지기

개요   모둠끼리 서로 협력해 장애물을 통과하는 놀이다. 놀이를 통해 서로를 믿고 신뢰하는 경험을 할 수 있고, 자신이 타인을 올바른 방향으로 갈 수 있도록 안내하면서 자신감과 자존감을 높일 수 있다.

소요시간   15분~20분

준비물   안대, 장애물과 등대(또는 의자, 소품 등으로 활용)

준비방법   교실 문에서 가장 먼 곳에 목적지를 설정하여 표시한다. 교실 문과 목적지 사이에 몇 개의 등대 위치를 정하고 표시한다. 가급적 부딪쳐도 위험하지 않은 물건으로 장애물을 설정하여 배치한다.

진행방법
① 모둠을 구성하고 각 모둠에서 3명씩 등대가 된다.
② 장애물을 골고루 배치하고 등대는 서로 다른 위치에 선다.
③ 각 모둠에서 1명씩 배가 되어 안대로 눈을 가린 뒤, 교실 문 앞에 선다.
④ 가장 가까이 있는 등대는 배가 장애물을 피해 다음 등대로 이동하도록 방향을 안내하고, 다른 말을 해서는 안 된다.
⑤ 배가 장애물과 충돌하면 그 자리에서 다시 시작하고, 1분 안에 목적지에 도착하면 점수를 얻는다.

진행팁   2명이 짝이 되어 1명은 비행기(눈 가린 사람), 1명은 관제탑(목적지에 신 안내자)가 되어 같은 방식으로 진행할 수 있다.

9.
진주조개

개요   3명씩 모이고 흩어지는 놀이다. 규칙이 어렵지 않고 술래가 되어도 기분 좋은 놀이여서 서로 간의 친밀감을 높이는 데 매우 효과적이다. 순간적으로 빠르게 움직여야 하기에 순발력과 판단력을 키울 수 있다.

소요시간   10분~15분

준비물   없음

준비방법   2명이 마주 보고 양손을 잡은 상태에서 2명 사이에 1명이 들어간다. 진행자가 먼저 술래가 되어 규칙을 설명한다. 장애물이 없는 넓은 공간이 필요하다.

진행방법   ① 3명씩 짝을 지어 2명은 조개가 되고, 1명은 진주가 된다.
② 조개는 손을 맞잡고 진주는 가운데에 선다.
③ 술래가 "진주"라고 외치면 '진주'는 '조개'에서 빠져나와 다른 '조개'로 간다.
④ 술래가 "조개"라고 외치면 '조개'는 '진주'를 버리고 다른 '진주'를 감싼다.
⑤ 술래가 "불가사리"라고 외치면 모두 흩어져서 새로운 '진주'와 '조개'가 된다. 이때 기존의 3명은 함께 움직이지 않고 흩어져야 한다.

진행팁 진주로 들어오는 사람을 막을 수 없다. 서로 진주가 되려고 2명 사이에 들어오면 서로 부딪쳐서 다칠 수 있다. 머리가 먼저 들어간 사람에게 우선권을 주고 안전하게 진행한다.

10.
고리 풀기

개요 우리는 하나라는 마음을 키울 수 있는 매우 좋은 공동체 놀이다. 또한 주어진 문제를 함께 해결해 나가는 팀빌딩 놀이로도 적합하다.

소요시간 15분~20분

준비물 없음

준비방법 큰 원으로 모일 수 있는 넓은 공간이어야 한다.

진행방법
① 2명이 마주 보고 서서 왼팔(손바닥이 위) 위에 오른팔(손바닥이 아래)을 올려서 두 팔이 ×자가 되도록 한다.
② 1명의 왼손은 또 1명의 오른손을, 오른손은 왼손을 서로 잡는다.
③ 다양한 방법으로 엉킨 손을 풀어본다.
④ 2명이 성공하면 4명, 8명, 반 전체가 풀어본다.

진행팁
〔1〕중간에 손을 놓지 않도록 한다.
〔2〕매듭을 풀었지만, 모두가 바깥을 보고 있다면 안을 보도록 방법을 제안한다.
〔3〕고리를 푸는 방법은 2명이 잡은 손을 올려서 문을 만들고 나머지 모든 사람이 그 손 사이를 빠져나가면 고리가 풀어진다.

11.
자석 놀이

개요 2명이 한 조가 되어 서로 역할을 바꿔가며 친밀감을 높일 수 있는 놀이다. 마법사 놀이라고 설명하고 1명은 마법사가 되고, 다른 1명은 마법에 걸린 사람으로 설정하면 더욱 재미있다.

소요시간 5분~10분

준비물 없음

준비방법 2명이 움직일 수 있는 작은 공간에서 가능하다. 진행자가 "이곳은 마법사 학교입니다. 저는 마법사 학교의 교장 선생님입니다. 마법사가 되기 위해 오신 여러분을 환영합니다"라고 설명해도 좋다.

진행방법 ① 2명씩 짝을 짓는다.
② 가위바위보를 해서 이긴 사람의 손바닥은 자석이 되고, 진 사람의 이마는 쇠가 된다.
③ 손바닥(자석)을 이마(쇠) 앞에 10cm 정도 간격을 두고 움직인다.

진행팁 [1] 손바닥이 너무 빨리 움직이거나 이마에서 멀리 떨어지지 않도록 한다.
[2] '마법사의 손'으로 안내하고, 사람을 움직이는 마법이 가능하며, 이때 마법사는 양손으로 혹은 양손과 머리로 동시에 마법을 걸 수 있다.

12.
즐겁게
춤을 추다가

개요	진행자가 지시하는 인원과 설정에 따라 빠르게 모여서 표현하는 재미있는 놀이다. 낯선 사람과 처음 만나는 자리에서도 빠르게 친해질 수 있고, 참여자 모두가 창의적으로 표현할 수 있는 연극 놀이로도 활용할 수 있다.

소요시간 10분~20분

준비물 없음

준비방법 가볍고 경쾌한 음악을 켜고, 진행자가 가벼운 춤을 추면서 시작해도 좋다.

진행방법
① 참여자 모두가 자유롭게 서 있다가 진행자의 "즐겁게 춤을 추다가~~"라는 노래에 맞춰서 춤을 추며 이동한다.
② 진행자가 "2명 손바닥"이라고 외치면 2명씩 손바닥을 붙이고 멈춘다.
③ 진행자가 "6명 발바닥"이라고 외치면 6명씩 발바닥을 붙이고 멈춘다.
④ 진행자는 규칙을 설명하고 인원수와 신체 부위를 선택하여 외치며 계속한다.

(1) 규칙 1: 가장 가까이 있는 사람과 연결해야 한다.

(2) 규칙 2: 연결하려고 오는 사람을 외면할 수 없다.

(3) 규칙 3: 친한 사람과 손을 잡고 끼리끼리 모여 다닐 수 없다.

(4) 규칙을 변형하여 움직임 놀이로 진행할 수 있다.

13.
별난 달리기 시합

개요	참가자의 움직임과 산만함이 동시에 커질 때 몸과 마음을 정돈하며 차분하게 분위기를 바꿀 수 있는 놀이다.

소요시간 10분~15분

준비물 마킹테이프

준비방법 출발선, 도착점, 개인 이동선을 표시한다. 진행자가 "오늘은 ○○학교에서 가장 늦게 달리는 사람이 1등이 되는 별난 달리기 시합을 열겠습니다"라고 안내할 수 있다.

진행방법
① 빠르게 달리는 사람이 아니라 가장 늦게 달리는 사람이 이기는 경기다.
② 옆으로 길게 줄을 서고, 출발 지점과 도착 지점을 알려준다.
③ 각자의 출발 지점에서 도착 지점까지 선을 긋는다.
④ 참가자는 자신의 선을 따라 이동하여 가장 늦게 도착하면 승리한다.

진행팁
[1] 한 발만 선에 닿아야 하고 이외에 다른 신체 부분이 땅에 닿으면 탈락이다.
[2] 참가자가 많으면 2줄로 마주 보면서 가운데 도착 지점으로 향해도 된다.
[3] 흥분한 분위기이거나 움직임이 격해질 때 분위기를 바꿀 수 있다.

통합예술놀이

14.
짝꿍 찾기

개요 처음 만나는 사람들이 서로를 알고 빠르게 친해질 수 있는 놀이다. 또한 남학생과 여학생, 친한 사람들끼리 뭉쳐서 서로 배타적일 때 진행자가 의도한 목적에 맞도록 모둠을 구성할 수 있다.

소요시간 15분~20분

준비물 제시한 단어를 이루는 한 글자 카드(또는 막대)

준비방법 프로그램 진행 목적에 맞게 카드(막대)를 준비하고, 구성하려는 의도에 맞게 카드(막대)를 나눠 준다.

진행방법 ① 진행자는 사전에 각 카드(막대)에 하나의 짝을 이룰 수 있는 물건이나 사람 이름을 적는다(**예** 선녀와 나무꾼, 글러브와 야구공, 아담과 하와 등).
② 각자 카드(막대) 한 장을 뽑은 후 자신의 짝을 찾아 돌아다닌다.
③ 짝을 찾으면 인사를 나눈 뒤에 서로를 소개하고, 모둠 구성원들의 공통점 5개 이상을 찾는다.
④ 모둠별로 서로를 소개하고 우리 모둠원의 공통점 5개를 발표한다.

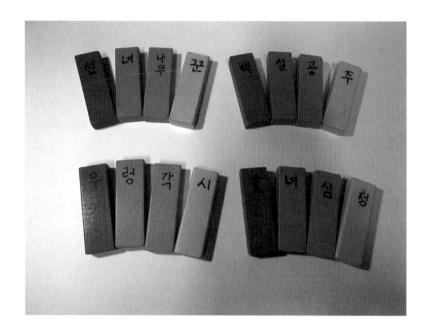

〔1〕 '모둠별로 공통점 5개 찾기'를 선착순으로 진행해서 빠르게 찾기 시합을
할 수 있다.

〔2〕 서로 친한 사람끼리 모둠을 구성하는 것을 지양하고, 자연스럽게 진행
자의 의도대로 모둠을 구성할 수 있도록 한다.

15

세탁기 놀이
(고리 풀기 변형)

개요 고리 풀기의 변형으로 고등학생 이상에게 적용이 가능한 놀이다. 참여하는 사람 전체가 함께 연결되는 경험과 함께 문제를 해결하는 경험을 제공한다. 다치지 않도록 진행자의 주의가 요구된다.

소요시간 15분~20분

준비물 없음

준비방법 참가한 인원이 손을 잡고 큰 원을 만들 수 있는 공간이 필요하다. 시작하기 전에 서로의 옆 사람을 기억하도록 한다.

진행방법
① 참가자 모두가 오른손을 위로, 왼손을 아래로 손을 잡고 원을 만든다.
② 참가자는 돌아가면서 "나는 세탁기 안에 ○○○입니다"라고 소개한다.
③ 진행자가 '강도' 버튼과 '작동' 버튼을 누르면 모두가 손을 놓고 빙글빙글 돌면서 서로 부딪히며 엉킨다.
④ 세탁기가 멈추면 처음 손을 잡았던 사람과 같은 방법으로 손을 잡는다.
⑤ 손을 놓지 않고 고리를 풀어 본다.

진행팁 진행자는 서로 손을 잡은 사람과 잡은 방법을 기억해야 한다.

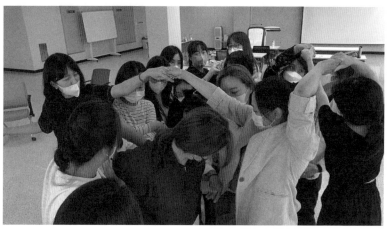

16.
함께 일어서기

개요 나를 위한 힘과 능력이 아니라 함께 하는 사람이 일어설 수 있도록 내가 배려하고 주도하는 힘과 능력이 필요한 놀이다. 진정한 협동과 협력을 경험하게 하는 소중한 놀이다.

소요시간 10분~15분

준비물 없음

준비방법 바닥이 미끄럽지 않은 공간이 필요하다. 실내에선 양말을 벗거나 실내화를 착용하고 참여하게 한다. 매트가 준비되면 더욱 좋다. 진행자가 신체조건이 반대되는 사람과 함께 시범을 보여준다.

진행방법 ① 앉아서 무릎을 세우고 발끝을 맞대고 서로의 손을 잡는다.
② "하나, 둘, 셋" 구호에 동시에 일어선다.
③ 손을 잡고 일어서다가 한 사람이 손을 놓지 않도록 주의를 준다.
④ 상대방의 손을 잡고 스스로 일어서는 것이 아니라 서로를 당겨서 일으켜 준다고 생각한다.
⑤ 2명에서 4명, 8명, 전체가 할 수 있다.

진행팁 [1] 손보다 손목을 잡으면 쉽다.
[2] 사람이 많으면 옆의 옆 사람의 손(목)을 잡거나, 각자의 손을 교차해서 잡는 것이 방법이다.

통합예술놀이

17.
ET 워킹

개요	영화 'ET'에서 외계인 ET의 손가락과 인간의 손가락이 연결되는 장면을 모티브로 한 놀이다. 놀이를 통해 "우리는 서로 연결되어 있다"는 메시지를 전달할 수 있으므로 '네트워킹'이라는 이름으로 불러도 무방하다.

소요시간	10분~15분

준비물	동요 '앞으로 앞으로', 안대(없어도 가능)

준비방법	인원수에 따라 한 줄, 또는 여러 줄로 마주 보게 하거나 사각형을 이루게 세운다. 각자의 현재 위치와 방향을 확인할 수 있도록 한다.

진행방법	① 옆으로 줄을 서서 자신의 위치를 확인한 후 눈을 감는다.
	② '앞으로 앞으로' 동요에 맞춰 씩씩하게 제자리에서 걷는다.
	③ 이때 손은 어깨 높이로 올리고, 무릎은 가급적 높게 올리도록 한다.
	④ 노래가 끝나면 걸음을 멈추고 자신의 위치를 확인한다.
	⑤ 옆 사람과 검지 손가락을 맞대고 같은 방법으로 눈을 감고 걷는다.
	⑥ 혼자 걸을 때와 검지 손가락을 맞대고 걸을 때의 차이를 물어본다.

___진행팁___ 손가락 하나의 연결을 통해서도 내가 누군가에게 힘이 되어 주고, 나도 도움을 받을 수 있음을 알려준다.

18.
풍선 튕기기

개요 풍선을 세게 멀리 치는 것보다 상대방이 받기 좋게 힘을 조절하는 것이 중요한 놀이다. 상대방을 위해 나의 힘을 조절하는 경험과 함께 협력하여 성취감을 맛볼 수 있게 한다.

소요시간 20분~25분

준비물 풍선, 보자기

준비방법 앉아서 풍선 튕기기를 할 때는 모둠별로 4명~6명이 적절하다. 모둠별로 1개의 풍선을 제공하는데, 이때 풍선이 터질 우려가 있으므로 풍선을 너무 크게 만들지 않는다.

진행방법 ① 각자 풍선을 가지고 손으로 튕겨서 가장 많이 성공하면 승리한다.

② 앉아서 풍선 튕기기를 할 경우 다음 3가지 규칙을 정한다.

　(1) 엉덩이를 바닥에 고정하고 일어서거나 이동하지 않는다.

　(2) 풍선은 반드시 손바닥으로만 친다.

　(3) 한 사람이 연속해서 2번 칠 수 없다.

③ 각자 풍선을 가지고 손으로 튕겨서 달리기 시합을 할 수 있다.

④ 모둠별로 풍선을 가지고 손으로 튕겨서 가장 오래 지속하면 승리한다.

⑤ 모둠별로 보자기를 이용하여 숫자 세기나 릴레이를 할 수 있다.

진행팁   진행자가 참여해 힘들어하는 아이를 지지하거나 조절할 수 있다.

19.
그림 전달하기

개요 처음에 시작된 그림이 여러 사람을 거치면서 어떻게 변화되었는지를 볼 수 있는 예측 불가한 놀이다. 간단한 신체 접촉과 서로에게 전달하고자 하는 의도가 합쳐져서 전혀 다른 방식의 소통을 경험할 수 있다.

소요시간 10분~15분

준비물 도화지, 매직펜

준비방법 한 모둠은 4명~6명이 적당하다. 모둠별로 한 줄로 의자에 앉아서 진행하거나 서서 진행할 수도 있다.

진행방법
① 진행자는 미리 손으로 그리기 쉬운 단순한 그림들을 준비한다 (**예** 물고기, 컵, 토끼, 집, 자동차 등).
② 모둠별로 서로의 등을 보도록 하고 일렬로 세운다.
③ 맨 뒤 사람이 그림을 보고 앞사람의 등에 신속하게 그린다.
④ 맨 앞 사람의 등에 그림이 그려질 때까지 같은 방법으로 전달한다.
⑤ 맨 앞 사람은 자신의 등에 그려진 그림을 종이에 그리고 그 그림을 진행자가 보여준 그림과 비교한다.

진행팁 참가자의 여령에 따라 그림의 난이도를 조절한다. 기호나 숫자의 조합으로도 가능하다.

통합예술놀이

20.
봉황 놀이

개요 알에서 시작해서 움직임이 작은 병아리부터 움직임이 큰 봉황을 표현하면서 즐기는 연극 놀이다. 각 대상의 특징을 찾아내고 창의적으로 동작과 소리를 만들어 표현하며 활동할 수 있다.

소요시간 15분~20분

준비물 없음

준비방법 진행하기 전에 각자 알, 병아리, 닭, 봉황을 표현해 보도록 한다. 각 단계별 영역을 표시하고 진행할 수 있다.

진행방법
① 참가자들은 모두 알, 병아리, 닭, 봉황을 표현하는 방법을 찾아서 다같이 표현해본다.
② 모두가 알이 되어서 돌아다니다가 만나면 가위바위보를 한다.
③ 이긴 사람은 병아리가 되고, 진 사람은 계속 알이 된다.
④ 병아리끼리 가위바위보를 해서 이기면 닭이 되고, 지면 알이 된다.
⑤ 봉황끼리 가위바위보를 해서 진 사람은 이긴 봉황의 허리를 잡고 꼬리가 된다.

진행팁 시간을 정하고 가장 긴 봉황을 뽑거나 봉황끼리 가위바위보를 한다.

21.
동작 따라서 하기

개요 상대방이 만든 동작을 빠르게 따라 하면서 집중력과 순발력, 표현력을 할 수 있는 놀이다. 주도적으로 앞장서기 스스로 힘들어하는 사람 혹은 소극적으로 참여하는 참가자들이 자연스럽게 놀이에 참가하도록 유도할 수 있다.

소요시간 10분~15분

준비물 없음

준비방법 앉은 상태에서 표정 따라서 하기, 손 모양 따라서 하기 등을 진행한 후에 동작 따라서 하기를 하면 보다 쉽게 참여할 수 있다.

진행방법 ① 진행자의 율동에 따라 천천히 또는 빠르게 걷는다.
② 진행자가 "하나, 둘, 셋 액션!"을 외치며 한 사람을 지목하면 그 사람은 임의의 동작을 취하며 "짠!" 하고 외친다.
③ 나머지 모두가 "짠!" 하고 외치며 동작을 똑같이 따라 한다.

진행팁 [1] 개인 상담에서도 활용이 가능하다.
[2] 2인 1조로 진행할 수 도 있다.
[3] 동작이 다르거나 느리면 뽕망치로 때릴 수도 있다.

22.
대장 찾기

<table>
<tr><td>개요</td><td>대장으로 지목받은 사람이 여러 동작을 임의로 만들어 내면 그것을 다른 사람들이 눈치껏 따라 하고, 술래가 대장을 찾게 하는 놀이다. 대장과 따라하는 사람 모두 아슬아슬한 긴장감을 느끼며 놀이에 참여할 수 있다.</td></tr>
</table>

소요시간 15분~20분

준비물 없음

준비방법 참가자 모두가 원으로 둘러서서 차례로 한 사람이 하는 간단한 동작을 따라 하도록 한다. 어느 정도 따라하기가 익숙해지면 대장 찾기를 설명하고 진행한다.

진행방법
① 먼저 술래를 정해서 활동 공간 바깥에 나가게 한다.
② 남은 사람 중에 1명을 대장으로 정한다.
③ 술래가 들어오면 대장은 한 가지 동작을 반복하고 모두가 따라 한다.
④ 모두가 동작이 같아지면 대장은 술래 모르게 다른 동작을 시작한다.
⑤ 술래는 대장이 누군가를 찾아내야 한다.

진행팁
〔1〕책상에 앉거나 서서 진행할 수 있다.
〔2〕동작을 위주로 하고 소리를 내지 않지만 간단한 단어 사용은 허용한다.

23.
칭찬 포격하기

개요 프로그램 시작 단계에서 하는 것보다 마무리 활동으로 진행하기에 좋은 놀이다. 학급에서는 신학기 초반보다 후반에 실시하면서 그 동안의 경험을 바탕으로 지목받은 개인을 충분히 칭찬하고, 또 칭찬받는 경험을 가질 수 있는 의미있는 놀이다.

소요시간 15분~20분

준비물 없음

준비방법 시작하기 전에 진행자는 참여한 사람들에게 함께 지내온 사람들 개개인의 칭찬받을 행동을 떠올려 보자고 제안한다. 칭찬하고 칭찬받는 느낌이 어떤지, 그리고 그것이 왜 중요한지 이야기를 나눠 본다.

진행방법 ① 술래는 눈을 감거나 활동 공간 바깥에 나가게 한다.
② 진행자는 술래 몰래 1명을 지목한다.
③ 술래가 들어오면 선택된 1명을 칭찬해준다.
④ 술래는 칭찬 받은 사람이 누구인지 찾아낸다.

진행팁 [1] 칭찬은 이유 없는 외모나 상태로 하지 않는다(**예** 검은 안경이 예쁘다).
[2] 각자 칭찬을 종이에 써서 읽고, 술래가 맞추면 전달할 수 있다.

24.
컵 쌓기

개요
분노조절 놀이라고 부르기도 한다. 함께 흔들리는 종이컵을 쌓고, 이동하면서 아슬아슬한 상황을 재미있게 즐기는 놀이다. 컵을 떨어뜨리는 상황에서 일어나는 분노의 감정을 경험할 수 있기 때문에 분노조절 놀이라고도 한다.

소요시간
20분~30분

준비물
종이컵, 질긴 끈(길이 30cm), 링(또는 머리 끈), 사탕

준비방법
3명이나 6명(4명이나 8명)이 모둠이 되는 경우엔 6개(8개)의 끈이 달린 링을 준비한다.

진행방법
① 3명, 4명, 6명, 8명씩 모둠을 나눈다.
② 모둠별로 종이컵 10개와 미리 만든 끈 달린 링을 전달한다.
③ 모둠별로 리더 1명을 뽑고, 리더 이외에는 말을 못하게 한다.
④ 종이컵 4개를 미리 바닥에 놓고 나머지 컵은 링을 이용하여 피라미드를 완성한다.
⑤ 진행자는 완성된 피라미드 맨 위의 종이컵에 사탕을 올려놓는다.
⑥ 사탕이 있는 종이컵을 목적지까지 이동하여 사탕을 내려놓는다.
⑦ 이동 중에 사탕이 떨어지면 다시 출발한다.

25.
도둑과 경찰

개요 도둑의 위치를 확인한 경찰이 눈을 가리고 방향 감각과 청각을 이용해 도둑을 잡는 놀이다. 경찰과 도둑 모두가 아슬아슬한 분위기 속에서 특별한 재미를 경험할 수 있다.

소요시간 10분~15분

준비물 안대, 뿅망치, 마킹테이프

준비방법 도둑이 벗어날 수 없는 영역을 표시한다. 잡힌 도둑이 갇혀 있을 유치장을 정하고 알려준다.

진행방법 ① 1명은 경찰이 되고 나머지는 도둑이 된다.
② 도둑이 벗어날 수 없는 영역을 정하고 자리를 잡는다.
③ 도둑은 두 발 중에서 한 발만 움직이고, 나머지 한 발은 움직일 수 없다.
④ 경찰은 도둑의 위치를 확인하고 눈을 가린 상태에서 3바퀴를 돈다.
⑤ 경찰이 도둑의 신체를 터치하면 잡힌 것이고, 잡힌 도둑은 영역 밖으로 나간다.
⑥ 최후에 남은 도둑이 경찰이 되어 다시 진행한다.

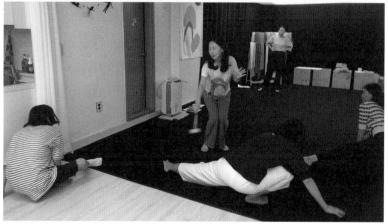

진행팁   (1) 시간을 정하고 남은 도둑이 가위바위보를 해서 경찰을 정할 수 있다.

(2) 잡힌 도둑은 경찰을 위해 살아남은 도둑의 위치를 알릴 수 없다.

Chapter 2
만지작
통합예술놀이

1.
시간의 선물

개요 자신이 받고 싶은 선물을 가위바위보를 통해서 진 사람에게 선물하는 놀이다. 보통 가위바위보를 해서 이긴 사람이 진 사람의 선물을 가져오지만, 이 놀이에서는 반대로 자신이 가지고 있는 선물을 가위바위보를 해서 진 사람에게 주는 행복함을 경험하게 한다.

소요시간 20분~30분

준비물 색종이(1인 5장씩), 필기도구

준비방법 각자의 책상에서 색종이에 받고 싶은 선물을 적은 뒤 서로 움직이며 만나서 가위바위보를 할 수 있는 공간을 확보한다.

진행방법
① 1인당 색종이(혹은 작은 메모지) 5장을 제공한다.
② 각자 자신이 받고 싶은 선물(유형, 무형, 상상 속 물건 등) 5개를 종이 1장에 1개씩 적는다.
③ 자리에서 일어나 다른 참여자를 만나서 가위바위보를 한다.
④ 이긴 사람이 진 사람에게 필요하다고 생각되는 자신의 선물 1개를 준다.
⑤ 모든 선물을 제공한 사람은 자기 자리로 돌아가서 앉는다.
⑥ 진행자는 적절한 시점에 모두 자리에 앉게 하고, 결과를 확인한다.
⑦ 가장 많은 선물을 받은 사람에게 "가장 소중한 선물은 무엇입

니까?"를 물어보고, 그 선물을 준 사람에게 선물을 준 이유를
물어본다.

⑧ 같은 방식으로 자신이 가지고 있는 선물 중에서 가장 소중한
것을 물어보고, 그 선물을 준 사람을 찾고 묻기를 계속한다.

진행팁 선물을 모두 나누어 준 사람에게 자신의 선물을 주고 싶은 사람이 있는지
물어보고, 같은 방식으로 진행할 수 있다.

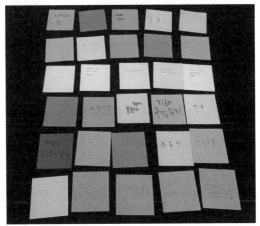

2.
협력 자화상

개요
스스로의 얼굴 모습을 직접 그리지 않고, 여럿이 공동으로 그려주는 자신의 얼굴을 바라보면서 자존감을 높일 수 있다.

소요시간
15분~20분

준비물
도화지(16절지), 여러 색깔의 네임펜

준비방법
자신의 얼굴이 타인에 의해 그려지는 과정을 볼 수 없도록 자리를 원형이나 직선으로 배치한다.

진행방법
① 각자의 얼굴을 여러 사람이 함께 그리는 작업을 진행한다.
② 4명~6명이 모둠을 만들고 도화지 한 장과 매직(모두가 다른 색깔) 한 개를 갖도록 한다.
③ 자신의 얼굴형을 도형(원형, 삼각형, 계란형, 마름모 등)으로 도화지에 크게 그리고, 오른쪽 밑에 자신의 이름을 적도록 한다.
④ 옆 사람에게 도화지를 넘기고, 받은 사람은 그 도화지에 적힌 이름을 확인한 후 그 사람의 코를 그린다. 완성한 사람은 옆 사람에게 넘긴다.
⑤ 같은 방식으로 눈, 입, 귀, 머리카락 등을 차례로 하나씩 그리게 하고, 완성되면 이름이 적힌 사람이 받을 수 있도록 한다.

진행팁

(1) 모둠이 원형으로 앉기보다는 길게 앉아서 자신의 얼굴이 그려지는 과 정을 보지 못하도록 하는 것이 좋다.

(2) 도화지 뒷면에 이름이 적힌 사람에게 하고 싶은 말을 적도록 할 수도 있다.

3.
풍선 기차

개요　가볍고 안전한 풍선을 몸으로 함께 이동시키면서 친밀감과 협력성을 키울 수 있다. 또한 풍선을 이용해서 몸의 균형을 유지하고 힘 조절을 할 수 있다.

소요시간　15분~20분

준비물　풍선, 마킹테이프

준비방법　풍선을 직접 불기 어려운 대상에게는 미리 풍선을 불어서 준비해야 한다. 출발선과 목표 지점을 표시한다.

진행방법　① 동그랗게 큰 원으로 선다.
　　　　　　② 풍선을 1인당 1개씩 나눠 주고 불도록 한다.
　　　　　　③ 2명이 마주 보고 서서 풍선을 사이에 끼우고, 바짝 붙어서 이동한다.
　　　　　　④ 이때 풍선이 손을 대지 않고, 풍선을 떨어뜨리지 않아야 한다.
　　　　　　⑤ 2명이 뒤돌아서 풍선을 등으로 맞대고 이동한다.
　　　　　　⑥ 어느 정도 숙달이 되면 4명 이상이 모둠이 된다.
　　　　　　⑦ 모둠끼리 한 줄로 서서 사이사이에 풍선을 끼우고 출발선에서 목표 지점까지 빠르게 이동하기 시합을 한다.
　　　　　　⑧ 이때 풍선이 떨어지거나, 풍선에 손을 대면 출발선에서 다시 시작한다.

진행팁 (1) 2명일 때 배, 등, 머리, 옆구리 등으로 진행할 수 있다.

(2) 풍선 폭파 게임으로 이어질 수 있다.

　　○ 손과 발을 사용하지 않거나 땅에 떨어뜨리지 않고 협력하여 풍선을 터트려야 한다.

　　○ 이때 "폭파!" 또는 모둠의 구호를 정해서 외쳐도 좋다.

4.
풍선 속 내 마음

개요   최근 자신의 자주 짓는 표정을 그리면서 내가 겪은 환경과 그 속에서의 나의 감정을 살펴볼 수 있다. 각자가 타인과의 관계에서 듣게 되는 긍정적인 말과 부정적인 말을 구분하고 이를 서로에게 알릴 수 있다.

소요시간   20분~30분

준비물   풍선, 네임펜

준비방법   풍선을 직접 불기 어려운 대상에게는 미리 풍선을 불어서 준비해야 한다. 풍선은 자신의 머리 크기 정도로 불게 하고 너무 크게 불지 않도록 알려준다. 사용할 네임펜의 끝이 날카로워서 풍선을 터트리지 않도록 미리 확인한다.

진행방법   ① 동그랗게 원형으로 앉는다.
　　　　　② 머리 크기 정도의 풍선 1개와 매직 1개를 제공한다.
　　　　　③ 매직으로 풍선의 매듭에서 끝까지 수박 자르듯이 선을 긋는다.
　　　　　④ 풍선의 앞(얼굴)과 뒤(뇌)를 확인하고, 앞에 자신이 자주 짓는(최근, 오늘 등) 표정을 그리도록 한다.
　　　　　⑤ 뒤(뇌)는 좌뇌와 우뇌를 나눌 수 있도록 세로로 선을 긋는다.
　　　　　⑥ 좌측에는 자신이 듣기 싫은(기분 나쁜, 화가 나는) 말, 우측에는 자신이 듣고 싶은(기분 좋은, 힘이 나는) 말을 각각 3개씩 적는다.

80
통합예술놀이

⑦ '사랑해'를 외치며 풍선을 하늘로 던지고 각자 다른 풍선 1개를
   잡는다.

⑧ 진행자가 1명을 지목하면 그는 풍선의 주인공에게 다가가서 풍
   선의 우측에 적힌 말을 큰 소리로 외치고 풍선을 전달한다.

⑨ 풍선을 받은 사람은 자신이 가지고 있던 풍선의 주인공을 찾아
   서 같은 방식으로 진행한다.

진행팁　주인공에게 가장 큰소리로 실제처럼 외친 사람을 선정해서 상품을 줄 수
　　　　도 있다.

5.
죽죽이 신문지

개요   신문지를 끊어지지 않고 길게 찢기를 겨루는 놀이다. 최대한 가늘게 찢으면서 끊어지지 않아야 하므로 집중력과 섬세함이 필요한 놀이다.

소요시간   10분~15분

준비물   신문지(개인별 1장 또는 1쪽)

준비방법   신문지는 생각보다 쉽게 끊어진다. 초등학교 저학년의 경우에는 미리 연습해보는 것이 좋다. 바닥에 앉아서 진행하거나 책상 위에서 찢기를 하고 넓은 공간으로 가져와 길이를 잴 수 있도록 한다.

진행방법   ① 신문지 1장(또는 1쪽)을 나눠 준다.
           ② 신문지를 끊어지지 않고 길게 찢도록 한다.
           ③ 초등학교 저학년의 경우 진행자가 시범을 보이는 것이 좋다.
           ④ 신문지 방향과 마지막 끝자락에서 방법을 알려준다.
           ⑤ 바닥에 내려놓고 누가 가장 길게 찢었는지 확인한다.

진행팁   [1] 짧게 끊어져도 다른 놀이에서 쓸 수 있음을 알려준다.
           [2] 세로로는 쉽게 찢어지지만 가로는 양손을 사용해야 함을 알려준다.
           [3] "죽죽~~~ 찢다가~, 끝까지 오면 옆으로 돌리고~~"라는 추임새를 주면 더 좋다.

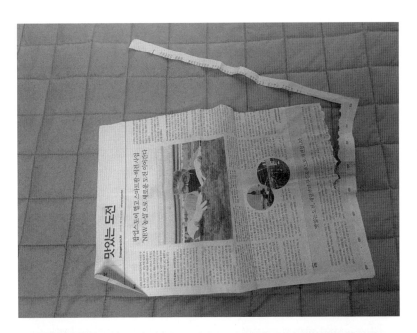

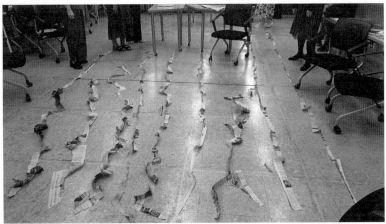

6. 거미줄 통과

개요   길게 찢은 신문지로 만든 거미줄을 통과하는 놀이다. 죽죽이 신문지 놀이에 이어서 진행하기도 한다. '미션 임파서블' 영화 주제곡을 들으면서 진행하면 더욱 재미있는 분위기를 만들 수 있다.

소요시간   10분~15분

준비물   길게 찢은 신문지, 종이 테이프, '미션 임파서블' 주제곡

준비방법   학교 복도처럼 좁고 긴 공간에 신문지를 거미줄처럼 지그재그로 설치한다. 참가자의 능력에 따라 난이도를 조절하여 거미줄을 설치한다.

진행방법   ① 길게 찢어진 신문지를 이용하여 양쪽 벽에 거미줄을 친다.
         ② 잘린 신문지를 붙이거나 신문지끼리 연결할 수 있다.
         ③ 출발선을 정하고 1명씩 또는 모둠별로 통과하기 시합을 한다.
         ④ 1명이 시작하면 일정한 간격을 두고 다음 사람이 출발한다.
         ⑤ 빨리 통과하기 시합이 아니라 끊어지지 않게 통과해야 함을 알린다.

진행팁 〔1〕 미션 임파서블 영화 음악을 활용하면 더욱 재미있다.

〔2〕 학교의 경우 교실 밖 복도에서 진행하기에 적합하다.

〔3〕 의자, 책상 등을 연결하여 만들 수도 있다.

7.
신문지 패션쇼

개요 찢어진 신문지 조각을 이용해서 소품을 만들거나 의상을 만들어서 패션쇼를 열어본다. 옷을 만들기도 하고 수염을 만들거나 동물로 변신하기도 하는 등 별난 패션쇼를 즐길 수 있다.

소요시간 10분~15분

준비물 길게 찢은 신문지

준비방법 거미줄로 활용한 신문지 조각을 나눠 가질 수 있도록 한다. 의상으로 활용할 큰 신문지가 필요할 수 있으니 여분의 신문지를 준비한다. 풀과 가위 등의 도구를 사용하지 않도록 미리 안내한다.

진행방법
① 죽죽이 신문지를 마치고, 거미줄 신문지를 한 개씩 가지고 자리로 돌아온다.
② 신문지를 이용하여 반지, 목걸이 등의 소품과 의상을 만들고 패션쇼를 한다.
③ 찢어지지 않은 신문지와 또 다른 신문지를 제공할 수 있다.
④ 풀, 테이프 등의 도구 사용 없이 신문지만을 사용하도록 한다.

진행팁
⑴ 꾸미기를 마치고 개인이나 모둠별로 패션쇼를 진행한다.
⑵ 찢어진 신문지 조각이 부족하면 신문지 1장을 나눠주고, 다시 죽죽이 신문지 놀이를 할 수도 있다.

8.
신문지 던지기
(샤워)

개요 신문지 조각들을 모아서 눈싸움을 하거나, 눈을 날리며 눈을 흠뻑 맞을 수 있도록 하는 '눈놀이 종합 세트'라고 할 수 있다. 또한 놀이를 통해 바닥에 떨어진 신문지 조각을 정리할 수 있다.

소요시간 10분~15분

준비물 신문지 조각, 마킹테이프

준비방법 신문지 패션쇼를 마치고 난 후 신문지 조각들을 뭉쳐서 눈싸움을 하기 좋게 작은 공으로 만든다.

진행방법 ① 신문지 조각을 준비한다.
② 참가자가 소수이면, 1명이 바닥에 눕고 나머지가 조각을 뿌려 준다.
③ 참가자가 다수이면, 두 모둠으로 나누고 신문지 조각으로 공을 만들게 한다.
④ 가운데 경계선을 정하고 상대편에게 공을 던지게 한다.
⑤ '멈춰'를 외친 후 바닥에 떨어진 신문지 공이 많은 모둠이 진다.

진행팁 (1) 공을 크게 만들기보다는 많은 공을 만드는 것이 유리함을 알린다.
(2) 진행자는 상자(쓰레기통)를 들고 돌아다니면서 신문지 공으로 '농구 골대(상자)에 많이 넣기' 시합을 제안하거나 '신문지 공이나 조각 빨리 없애기' 시합을 진행하면 빠르게 주변을 정리할 수 있다.

89

9.
뻥튀기(과자)
내 얼굴

개요 먹거리를 놀이에 활용하면 미감과 냄새의 자극으로 더욱 놀이에 집중하게 할 수 있다. 실제로 진행에 방해되지 않도록 적절하게 먹는 것을 허용하면서 즐겁게 참여할 수 있다. 깨끗한 환경 속에 청결을 유지하는 것은 반드시 필요하다.

소요시간 10분~15분

준비물 뻥튀기 과자, 이쑤시개

준비방법 진행하기 전에 손을 씻거나 물티슈 등으로 손을 닦도록 한다. 바닥에 과자 가루가 날릴 수 있으므로 깨끗한 종이를 바닥에 깔고 시작할 수도 있다.

진행방법 ① 1인당 뻥튀기 1개와 이쑤시개를 제공한다.
② 뻥튀기로 자신의 좋아하는 표정을 만들도록 한다.

진행팁 [1] 과자가 깨지지 않도록 천천히 만들도록 한다.
[2] 빵조각을 활용하여 진행할 수도 있다.
[3] 청결을 위해 사전에 물티슈 등을 준비한다.
[4] 뻥튀기 과자 대신 초코파이로 진행할 수도 있다.

10.
과자 옮기기

개요   내가 아닌 우리가 함께 먹을 수 있는 먹거리를 협력하여 옮기는 놀이다. 먹거리를 놀이에 활용하면 더욱 적극적으로 놀이에 참여하게 할 수 있다. 열심히 협력해서 보다 많은 먹거리를 가져갈 수 있도록 다양하고 맛있는 먹거리를 준비하는 것이 좋다.

소요시간   15분~20분

준비물   다양한 모양의 과자, 도화지, 빨대, 나무젓가락

준비방법   크기와 모양, 그리고 여러 가지 색의 다양한 과자를 준비한다. 빨대와 나무젓가락으로 옮기기에 어울리는 과자와 깨끗한 종이를 바닥에 깔고 시작한다.

진행방법
① 모둠별로 길게(혹은 원형) 앉도록 한다.
② 출발선에 과자(**예** 조리퐁, 짱구, 양파링)를 쌓아두고 결승선에 크고 깨끗한 종이를 놓는다.
③ 출발선에 있는 과자를 젓가락으로 전달하여 결승선의 종이로 옮긴다.
④ 빨대를 입에 문 상태에서 빨대를 이용하여 과자를 옮길 수도 있다.
⑤ 이때 바닥에 떨어진 과자는 다시 집을 수 없다.

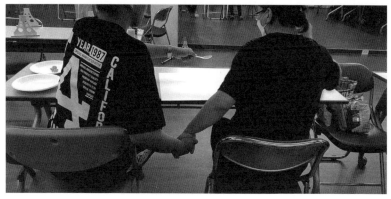

진행팁 (1) 2명(가족, 친구)이 활동할 경우는 서로 손을 잡고 옮길 수 있도록 한다.

(2) 과자의 모양에 따라 적절한 이동 도구를 선택한다.

(3) 종이 위에 옮긴 과자를 이용해서 그림 그리기를 한다는 것을 미리 알려준다.

11.
과자 그림 그리기

개요   과자 옮기기 놀이를 통해 확보한 과자를 가지고 함께 한 모둠원들과 그림으로 표현하는 미술 놀이다. 과자를 이용해서 창의적으로 표현하는 여러 형태의 그림을 그려 보고 작품 발표도 할 수 있다.

소요시간   15분~20분

준비물   여러 모양의 과자, 큰 종이(2절지)

준비방법   진행하기 전에 손을 씻거나 물티슈 등으로 손을 닦도록 한다. 창의적 표현 활동을 위해 다양한 모양과 여러 색깔의 과자를 미리 준비한다. 또한 마무리 활동 후에 과자를 먹거나 담아갈 수 있도록 접시나 봉투를 준비한다.

진행방법   ① 모둠별로 결승선 종이에 있는 과자를 이용하여 함께 그림을 그리도록 한다.
② 공동 작업을 위해 더 큰 종이(2절지 정도)를 제공한다.
③ 이때 바다, 땅, 하늘, 특정 지역 등의 공간을 선택하여 공동 작업을 하도록 한다.
④ 완성하면 작품의 제목을 정하여 종이에 적도록 하고 모둠별로 작품 발표회를 한다.

진행팁 〔1〕 다양한 과자를 추가로 제공할 수 있다.

〔2〕 2명(가족, 친구)이 활동할 경우에는 서로 손을 잡고 그리게 한다.

12.
과자 조형물 만들기

개요   과자를 이용해서 입체적인 창작 조형물을 만드는 예술 놀이다. 2명이 함께 손을 잡고 예술 작품 만들기를 진행하면 상담과 치유 프로그램으로도 활용할 수 있다. 여러 형태의 조형물을 만들고 작품 발표도 할 수 있다.

소요시간   15분~20분

준비물   여러 모양의 과자, 큰 종이(2절지), 이쑤시개, 나무젓가락, 빨대

준비방법   이전 놀이에서 사용했던 과자와 도구를 모두 사용해서 입체적인 창작 조형물을 만들 수 있도록 한다. 2명이 한 손을 서로 잡고 나머지 한 손을 이용해서 협업으로 진행할 수 있도록 자리를 배치한다.

진행방법   ① 2명이 짝을 이루도록 하고 짝끼리는 손을 잡는다.
② 앞에 있는 과자와 이쑤시개를 이용하여 3차원의 조형물을 만든다.
③ 1명은 오른손을 사용하고, 1명은 왼손을 이용하여 작업을 하도록 한다.
④ 완성하면 작품의 제목을 정하여 종이에 적도록 하고 모둠별로 작품 발표회를 한다.
⑤ 각자의 작품을 설명하고 작업 과정에 대하여 서로의 경험을 나눈다.

진행팁 다양한 과자를 추가로 제공할 수 있다.

Chapter 3
움직임
통합예술놀이

1.
컵타

개요	컵과 난타의 합성어로, 컵으로 하는 난타다. 보통 4박자의 신나는 음악을 선택하여 컵을 움직이며 리듬감과 박자감을 여럿이 함께 표현하는 놀이다. 초등학교 저학년에서부터 누구나 함께할 수 있다.
소요시간	20분~30분
준비물	컵(종이컵이나 플라스틱컵), 다양하고 빠른 음악
준비방법	주로 플라스틱컵이나 스포츠스태킹컵을 이용한다. 없는 경우에는 종이컵을 사용하기도 하지만 소리가 경쾌하지 않다. 4박자의 빠른 음악을 준비하여 진행자가 기본 동작과 응용 동작을 미리 알려 준다.
진행방법	① 1인 1개의 컵(종이컵, 플라스틱컵)을 나눠 주고 모듬별로 앉는다.

② 컵타 기본 동작(딴딴 다다다 딴따 단)을 배운다.

    딴딴: 박수 2번 치기

    다다다: 손바닥으로 책상 3번 치기

    딴따: 박수 1번 치고 컵을 오른손으로 잡기

    단: 잡은 컵을 오른쪽으로 옮겨 놓기

③ 컵타 응용 동작(딴따 단따 단단 따)을 배운다.

    딴따: 박수 1번 치고 컵을 오른손으로 잡는다.

    단따: 잡은 컵을 왼손 손바닥에 치고 책상을 친다.

단단: 잡은 컵을 왼손으로 옮기고, 오른손은 책상을 친다.

따: 왼손에 잡은 컵을 오른손 위를 지나 오른쪽으로 옮겨 놓는다.

④ 4박자 노래를 부르면서 컵타를 한다.

진행팁 모둠별로 새로운 동작을 만들어서 발표할 수 있다.

2.
스피드 게임

개요　맨 앞 사람이 주어진 단어를 확인한 후 소리를 내지 않고 몸으로 표현하면 다음 사람이 표현을 이어가서 빠른 시간에 마지막 사람이 주어진 단어를 맞추는 놀이다. 표현력을 늘리기에 매우 좋은 놀이다.

소요시간　15분~20분

준비물　단어카드

준비방법　참가자의 연령과 프로그램 진행 목적에 맞는 단어를 여러 개 적은 카드를 준비한다.

진행방법　① 모둠별로 길게 앉는다.

② 맨 앞 사람을 제외하고 모두가 뒤돌아 앉는다.

③ 맨 앞 사람은 진행자가 보여주는 단어를 확인하고 일어서서, 다음 사람의 등을 두드린다.

④ 다음 사람은 몸을 돌려 앉고, 앞 사람은 일어선 상태에서 단어를 표현한다.

⑤ 단어 표현이 끝나면 앞 사람은 다시 앞으로 돌아앉고, 다음 사람은 뒤로 돌아서 같은 방식으로 진행한다.

⑥ 마지막 사람은 진행자에게 와서 정답을 이야기한다.

⑦ 마지막 사람이 맨 앞사람이 되어 다음 단어를 보고 같은 방식으로 진행한다.

102

진행팁 　진행자는 단어의 특성(음식. 동물, 스포츠 종목 등)과 글자 수를 알려줄 수
있다.

3.
줄을 서시오

개요　인간관계의 그래프나 조직망을 추적하는 '소시오메트리^{Sociometry}' 기법에 재미적 요소를 가미하여 만든 놀이다. 진행자가 제시하는 질문에 따라 재미에서 상담, 치유의 목적으로 활용될 수 있다.

소요시간　20분~30분

준비물　없음

준비방법　처음 만난 참가자들에게 바로 적용하기보다는 어느 정도 친밀감이 쌓인 후에 진행하는 것이 좋다. 의자에 앉아 원형으로 진행할 경우에는 의자 게임을 한 후에 실시하면 자연스럽다.

진행방법　① 직선이나 원을 그린다고 가정하고, 시작하는 한쪽 끝이 가장 낮은 수치이고 반대쪽이 가장 높은 수치라고 설명한다.
② 진행자가 구성원들이 자신의 경험이나 상황을 횟수/정도로 답할 수 있는 질문을 한 후, 가상의 선에 자신의 위치를 찾아서 줄을 서게 한다.
③ 이때 서로에게 질문을 하면서 자신의 적절한 위치를 찾을 수 있도록 한다.
④ 가까이 있는 4명~6명과 원을 이뤄서 질문에 대한 서로의 생각과 느낌을 나눌 수 있도록 한다.

진행팁 진행자는 놀이의 목적과 대상에 따라서 적절한 질문을 선택해야 한다.

4.
드라큘라

개요

손의 촉감을 이용하는 놀이다. 드라큘라를 찾는 과정에서 자연스럽게 소통이 이루어지고, 서로의 동작과 움직임에 집중하게 되는 연극놀이다.

소요시간

15분~20분

준비물

없음

준비방법

누가 드라큘라인지 알 수 없도록 눈을 감게 한 후 진행자가 1명을 드라큘라로 지목하면 시작할 수 있도록 한다.

진행방법

① 전체가 원으로 커다랗게 둘러 선다.

② 진행자는 모두에게 눈을 감으라고 하고 1명의 어깨를 살짝 쳐서 드라큘라를 정한다.

③ 진행자는 1명의 드라큘라가 있으며 드라큘라가 나의 손바닥을 검지로 톡톡 두드리면 죽게 된다고 알려주고 술래 1명을 지목한다.

④ 놀이가 시작되면 서로 움직이며 만나는 사람들과 악수하고, 또 다른 사람과도 악수하기를 계속한다.

⑤ 이때 죽게 된 사람은 다른 사람 3명과 악수를 더 한 후에 "으악" 소리를 내고 자리에 쓰러져서 죽는다.

⑥ 드라큘라가 누구인지 찾은 사람은 "찾았다"를 외치고 드라큘라를 지목한다.

⑦ 맞으면 드라큘라가 술래가 되고, 틀리면 술래도 죽고, 지목받은 사람이 술래가 된다.

드라큘라는 악수하면서 손가락으로 손바닥을 찌른다

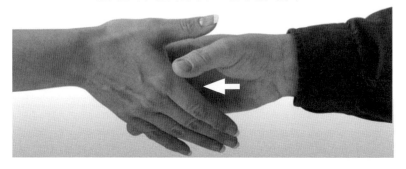

진행팁 때에 따라서는 드라큘라를 여러 명으로 진행할 수 있다. 다양한 규칙을 만들어서 추가로 적용할 수 있다.

5.
지금 뭐하세요

개요 내가 원하는 것을 표현하는 것이 아니라, 옆 사람이 이야기하는 동작을 빠르게 몸으로 표현하는 놀이다. 나에게 어떤 동작을 요구할지 모르기 때문에 긴장하며 재미있게 참여할 수 있다.

소요시간 10분~15분

준비물 없음

준비방법 너무 많은 인원이 참여하면 산만해질 수 있다. 전체 참여 인원이 15명을 넘지 않는 것이 좋다.

진행방법 ① 동그랗게 원으로 둘러선다.
② 진행자가 어떤 동작을 하면 오른쪽 사람이 "지금 뭐하세요?"라고 물어본다.
③ 진행자는 자신의 동작을 계속하면서 그 동작과 전혀 상관없는 "~하고 있어요"라고 말한다.
④ 그 말을 들은 사람이 그 동작을 몸으로 표현하면 말한 사람은 동작을 멈춘다.
⑤ 같은 방식으로 계속 진행한다.

진행팁 "지금 뭐하세요?"라는 질문에 대답할 때 자신이 하고 있는 동작을 멈추지 않고 계속하면서 대답할 수 있도록 한다.

6.
막대 변형 놀이

개요　상상력과 표현력을 키울 수 있는 놀이다. 막대를 다양한 물체로 마음껏 변할 수 있도록 상상력을 발휘해서 짧은 말과 동작으로 보여주는 놀이다.

소요시간　15분~20분

준비물　막대(또는 나무, 신문지, 수도배관 보온재)

준비방법　수도배관 보온재를 적당한 크기로 잘라서 막대 대용으로 사용해도 좋다. 그러면 쉽게 구부러지고, 안전하게 사용할 수 있다.

진행방법　① 원을 만들어 둥글게 앉는다.
② 한가운데에 나무막대 또는 신문지를 얇게 말아 만든 막대를 1개 놓아둔다.
③ 한 사람씩 앞으로 나가서 그 막대가 다른 물건이라고 상상하고 마임으로 그 물건을 사용한다.
④ 다른 사람들은 그 막대가 무엇인지 알아서 맞춘다.

진행팁　막대 2개를 사용할 수도 있다.

7.
선물이 왔어요

개요   자신이 전달 받은 상자 안에 받고 싶은 선물이 들어 있다고 상상하고 그것을 받았을 때의 상황, 감정, 반응 등을 말과 동작으로 표현하게 하는 놀이다. 진행자는 각자가 상상하고 표현하는 선물을 바라보며, 개개인의 관심과 성향을 파악할 수 있다.

소요시간   20분~30분

준비물   상자(또는 복주머니)

준비방법   10명~15명이 한 모둠이 되어 진행하는 것이 좋다. 시작하기 전에 진행자가 먼저 자신이 원하는 선물을 받았을 때의 모습과 선물을 사용하는 동작을 함께 보여준다.

진행방법   ① 원을 만들어 둥글게 앉는다.
    ② 진행자가 상자를 가져와 상자를 열고 특정한 선물을 받았을 때의 반응, 동작, 상황을 연기한다.
    ③ 진행자가 연기로 상황을 보여준 뒤 어떤 선물이고 어떤 상황인지를 맞추도록 한다.
    ④ 진행자는 상자를 다시 닫고 옆 사람에게 선물 상자를 전달한다.
    ⑤ 전달 받은 사람은 같은 방식으로 진행한다.

진행팁   상상하기와 표현하기가 함께 이루어지는 난이도가 있는 놀이다. 사전에 좀 더 쉬운 표현 활동을 한 후에 실시할 수도 있다.

113
Chapter 3 움직임 통합예술놀이

8.
밥 퍼줘

개요 혼자서는 절대 먹을 수 없는 기다란 숟가락을 이용해서 먹을 것을 먹는 방법을 찾아내는 놀이다. 자신보다 서로를 배려하고 먹여 주는 활동을 통해 공동체에게 필요한 것이 무엇인지 스스로 깨우칠 수 있는 놀이다.

소요시간 15분~20분

준비물 기다란 숟가락, 먹거리(과자, 사탕 등), 바구니

준비방법 바구니를 가운데 두고 큰 원으로 둘러서서 각자 숟가락을 들고 참여하거나, 두 줄로 나누어 한쪽만 숟가락을 들고 참여할 수도 있다.

진행방법 ① 막대 3개를 이어서 긴 막대를 만들고 끝에 숟가락을 매단다.
② 원을 만들어 동그랗게 앉고 가운데에 먹거리를 담은 바구니를 놓는다.
③ 각자에게 긴 막대 1개씩을 나눠주고 바구니 속의 먹거리를 먹도록 한다.
④ 2줄로 마주 보고 서서 역할을 나눠 진행할 수 있다.

114
통합예술놀이

진행팁　〔1〕 혼자 힘으로 먹거리를 담기 힘들 정도의 거리를 사전에 점검한다.

　　　　　　〔2〕 막대의 끝을 잡도록 하고, 연령에 따라 길이를 조절해야 한다.

9.
나는야 조각가

개요
눈을 감고 손의 감각을 이용해서 상대가 만든 몸 조각을 그대로 복사해서 표현하는 놀이다. 규칙과 방법이 쉬워서 누구나 참여할 수 있는 놀이다.

소요시간
10분~15분

준비물
없음(또는 안대)

준비방법
눈을 감고 하거나 안대를 사용할 수도 있다. 서로 부딪치거나 넘어지지 않도록 안전사고에 유의한다.

진행방법
① 2명이 조를 이루어 1명은 조각, 나머지 1명은 조각가가 된다.
② 조각가의 눈을 가리고, 조각 역할을 하는 사람이 정지 동작으로 조각이 된다.
③ 조각가는 눈을 감고 조각을 손으로 만져서 똑같은 조각을 만든다.
④ 조각가가 조각을 완성하면 조각가는 눈을 뜨고 확인한 후 소감을 나눈다.

진행팁
신체를 만져야 하는 놀이이므로 동성 간에 진행할 수 있도록 한다.

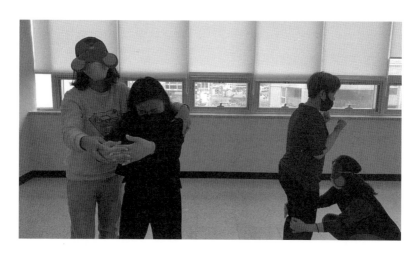

10.
산과 바다

개요
2명이 서로 마주 보고 서서, 1명이 표현한 동작과 연결되는 동작을 서로 이어가는 연극 놀이다. 각자 자신이 표현한 동작을 설명하지 않는다. 상대방이 표현한 동작이 무엇이지 스스로 판단하고 어울리는 동작을 이어간다.

소요시간
15분~20분

준비물
없음

준비방법
장애물이 없는 넓은 공간이 필요하다.

진행방법
① 2명이 가위바위보를 해서 이긴 사람은 산이 되고 진 사람은 바다가 된다.
② 서로 마주 보고 서서 산이 임의의 멈춤 동작을 한다.
③ 바다는 산을 바라보고, 산의 동작과 연결된 멈춤 동작을 한다.
④ 산은 멈춤 동작을 풀고, 바다의 동작과 연결된 멈춤 동작을 다시 한다.
⑤ 같은 방식으로 몇 차례 진행하고, 순서를 바꿔서 같은 방식으로 진행한다.

진행팁

〔1〕 상대의 신체에 직접 닿지 않도록 한다.

〔2〕 서너 번의 변화를 준 뒤 서로의 동작을 다시 반복하며 각자의 동작을 설명할 수 있다.

11.
창조자

개요　3명~4명이 서로 의견 교환 없이 빠르게 즉흥적으로 하나의 사물을 함께 만들어서 표현하는 연극 놀이다. 미리 정해진 것이 없이 함께 표현하므로 협동심과 창의력을 키울 수 있는 놀이다.

소요시간　15분~20분

준비물　없음

준비방법　1인 사물 표현하기, 2인 사물 표현하기 등을 통해 표현 활동을 즐긴 후에 익숙해지면 3명~4명으로 모이도록 한다.

진행방법　① 3명~4명이 가깝게 어깨를 붙이고 선다.
② 가장 오른쪽이 창조자, 중간이 연결자, 끝이 완결자가 된다.
③ 진행자가 특정 사물(비행기, 냉장고, 시계 등)을 제시하면 함께 사물을 표현하는 연극 놀이를 진행한다고 설명한다.
④ 이때 서로 말을 하거나 상의하지 않고 진행자가 말한 사람만이 한 발 앞으로 나와서 표현할 수 있도록 한다.
⑤ 처음 창조자가 앞으로 나와 표현하고 멈추면, 다음으로 연결자가 나오고 마지막은 완결자가 나와서 진행자가 제시한 사물을 완성한다.

(1) 4명이 모둠이 될 경우는 연결자 1, 연결자 2로 구분한다.

(2) 사물 표현을 마치면 완결자는 옆 모둠으로 이동하여 창조자가 되도록 한다.

(3) 진행자는 사물 표현에서 감정, 공간 표현으로 다양하게 제시할 수 있다.

개요   집단 전체가 참여하는 연극 놀이다. 진행자가 제시한 공간을 상상
하고, 각자 동작을 하나씩 보태면서 점차 풍성한 공간을 만들어 나
간다. 표현을 힘들어하는 사람도 쉽게 참여해서 집단 전체가 하나
가 되는 경험을 할 수 있다.

소요시간   20분~30분

준비물   없음

준비방법   '산과 바다', '창조자 놀이'에 이어서 공간 보태기 놀이를 진행하는
것이 좋다.

진행방법   ① 동그랗게 원을 그리고 선다.
② 진행자는 이제부터 모두가 함께 어떤 공간 속의 그 무엇이 되는
연극 놀이를 진행한다고 설명한다.
③ 진행자가 특정 공간(학교, 교통사고 현장, 결혼식장, 놀이터 등)을 제
시한다.
④ 1명이 나와서 공간 속의 그 무엇이 된다.
⑤ 차례로 1명씩 나와서 공간 속의 그 무엇이 되어 공간을 완성
한다.
⑥ 진행자는 동작을 멈춘 그 무엇에게 다가가 인터뷰를 한다.
⑦ 진행자가 "레디~ 액션!"을 외치면 모두가 움직이며 말을 할 수
있다.

진행팁　자신이 무엇인지 설명하거나 혹은 다른 사람에게 무엇인지를 묻지 않는다.

13.
책 표지 만들기

개요 어떤 이야기의 책 표지가 될 장면을 설정해서 정지 동작으로 표현
하는 연극 놀이다. 어떤 이야기 상황을 사진처럼 한 장면으로 함께
표현한다.

소요시간 10분~15분

준비물 간단한 소품

준비방법 모두가 알고 있는 이야기의 제목을 종이에 적어서 전달한다.

진행방법 ① 4명~6명씩 모둠을 만든다.

② 책 제목이 적힌 종이나 이야기 속에 등장하는 인물을 모둠별
로 제시한다.

③ 모둠별로 제목에 어울리는 책 표지를 정지 동작으로 만들 수
있게 시간을 준다.

④ 모둠별로 정지 동작으로 만든 책 표지를 발표한다.

⑤ 다른 모둠원들은 발표한 책 표지를 보고 책 제목을 맞춘다.

⑥ 왜 그 장면을 책 표지로 만들었는지 이야기를 들어본다.

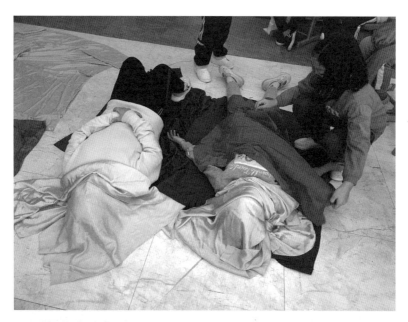

진행팁　　[1] 모둠을 나눌 때 막대에 적힌 글자로 책 제목을 선택해 줄 수 있다.

　　　　　　[2] 책 표지를 발표한 후 움직이는 즉흥 장면으로 표현하도록 할 수 있다.

개요 '플레이 백시어터Playback Theater'는 준비된 대본 없이 현장에서 관객이 들려주는 이야기를 배우들이 사전 협의 없이 그 자리에서 바로 즉 흥으로 보여주는 연극의 한 장르다. "우리 모두의 이야기는 가치가 있다"라는 정신에서 출발하고 있기에 이야기한 사람이 자신의 가 치를 발견하고, 그것을 바라본 관객과 공유할 수 있다. 3인 플백은 이를 단순화한 놀이다.

소요시간 20분~30분

준비물 의자

준비방법 몸과 마음이 열릴 수 있도록 충분하게 웜업이나 사전 활동을 한 후 진행하도록 한다. 서로의 관계가 친숙해지고 안전한 공간임을 인 식하게 해야 한다.

진행방법 ① 3명이 한 모둠이 된다.

② 1명이 화자(이야기하는 사람)가 되고, 나머지는 화자의 이야기를 표현하는 배우가 된다.

③ 화자는 자리에 앉고 나머지 두 사람은 화자를 마주 보고 선다.

④ 화자가 자신의 경험(사건)을 이야기하면 배우 역할 중 1명이 화 자가 되고 나머지는 상대역을 맡는다.

⑤ 3명이 역할을 돌아가며 모두가 같은 방식으로 진행한다.

| 진행팁 | [1] 사전에 진행자는 오늘 나눈 이야기는 비밀을 유지하고, 서로에게 되묻지 않는다는 약속을 받도록 한다. |

진행팁

[1] 사전에 진행자는 오늘 나눈 이야기는 비밀을 유지하고, 서로에게 되묻지 않는다는 약속을 받도록 한다.

[2] 화자는 반드시 자신의 경험을 이야기해야 하고, 이야기 속의 등장인물은 나와 상대방이 있는 2명의 이야기를 하도록 한다.

[3] 진행을 마친 후 역할에 따른 서로의 소감을 나누도록 한다.

Chapter 4
전해오는
통합예술놀이

1.
공기놀이
: 코끼리 콩 먹기

개요　손을 모아 코끼리 코와 입 모양을 만들어서 코끼리가 밥을 먹는 모
습을 흉내내는 놀이다. 유아도 즐길 수 있는 쉬운 놀이이고, 소근
육 발달에도 도움이 된다.

소요시간　10분~15분

준비물　공기 50개, 바구니(모둠수만큼)

준비방법　장애물이 없고 바닥에 앉을 수 있는 실내 공간에서 진행한한다. 모
둠활동은 모둠별 공기 50개를 제공한다.

진행방법　① 바닥에 공기 5개를 내려 놓는다.
　　　　　② 두 손을 코끼리 코 모양으로 만든다.
　　　　　③ 코끼리 코로 바닥에 떨어진 공기를 집어서 입(양손 사이)에 넣
　　　　　　는다.
　　　　　④ 모둠별로 나누고 전체의 공기를 바닥에 뿌린다.
　　　　　⑤ 모둠별로 바구니를 준비한다.
　　　　　⑥ 코끼리 코로 공기를 잡아 손바닥 안에 최대한 많이 담는다.
　　　　　⑦ 공기가 넘쳐나면 자기 (모둠) 바구니에 붓고 다시 담는다.

진행팁 〔1〕 바닥에 공기는 코로 집어서 먹을 수 있지만 다른 공기를 밟거나 건드
릴 수 없다.

〔2〕 모둠별로 코끼리 코를 이용해서 공기 전달하기 시합을 할 수 있다.

2.
공기놀이
: 고추장 공기

개요	본격적인 공기놀이와 친숙해지기 위한 간단한 공기놀이다. 민첩성, 집중력, 소근육을 키우기에도 적합하다.
소요시간	10분~15분
준비물	공기
준비방법	공기를 뿌리고 잡기 전에 손가락으로 바닥을 찍고 주먹을 쥐는 동작을 연습한다.

진행방법
① 가운데에 공기를 뿌려 놓는다.
② 가위바위보로 순서를 정한다.
③ 공기 1개를 잡아서 위로 던지고 공기가 떨어지기 전에 검지로 바닥을 찍으면서 "고추장"이라고 외친다.
④ 떨어지는 공기를 손바닥으로 잡는다.
⑤ 성공하면 계속 이어서 하고, 못 잡거나 다른 공기를 건드리면 다음 사람에게 기회가 넘어간다.
⑥ 공기를 많이 가져간 사람이 이긴다.

진행팁 검지로 바닥을 찍거나 손바닥으로 바닥을 칠 수도 있다.

3.
공기놀이
: 회오리 공기

개요	본격적인 공기놀이와 친숙해지기 위한 간단한 공기놀이다. 고추장 공기가 던진 공기 잡기 연습이라면, 회오리 공기는 바닥의 공기를 집는 훈련에 가깝다.

소요시간 10분~15분

준비물 공기

준비방법 바닥이 평평하고 깨끗안 놀이 공간에서 진행한다.

진행방법 ① 공기 5개를 바닥에 펼친 뒤, 손을 소용돌이치듯이 돌리면서 단계별로 공기를 잡는다.

② 공기 5개를 바닥에 펼친 뒤, 공기 1개를 집어서 허공에 던지고 공기가 땅에 떨어지기 전에 손을 소용돌이치듯이 돌리면서 단계별로 바닥의 공기를 집는다.

③ 4단계까지 성공하면 공기 5알을 던져서 손등에 올린 뒤 손바닥으로 공기를 받는다.

④ 바닥에 있는 공기를 잡지 못하거나, 다른 공기를 건드리거나, 공기를 받지 못하면 다음 사람에게 기회가 넘어간다.

⑤ 점수를 많이 얻은 사람이 이긴다.

진행팁 여러 알의 공기 잡기가 힘들면 생략해도 된다.

4.
산가지 놀이
:대포 쏘기

개요 산가지로 가장 단순하면서도 재미있게 놀 수 있는 놀이이다. 산가지는 나무젓가락으로 대신할 수 있다. 산가지는 산에 있는 나뭇가지란 뜻도 있지만 숫자를 계산할 때 쓰는 나뭇가지로 해석되기도 한다.

소요시간 15분~20분

준비물 산가지(또는 나무젓가락)

준비방법 산가지를 비비거나 힘을 주면 가시가 생기거나 부러질 수 있다. 또한 장난을 치다가 눈에 찔릴 수도 있으니 안전사고에 유의하도록 한다.

진행방법 ① 산가지를 10개씩 나누어 갖는다.
② 자신의 바로 앞에 산가지 하나를 가로로 놓는다.
③ 산가지 위에 또 하나의 산가지를 세로로 겹쳐 놓는다.
④ 십자 모양의 세로 긴 쪽 끝에 또 하나의 산가지를 올려놓는다.
⑤ 세로 산가지의 아랫부분을 쳐서 날아오르는 산가지를 손으로 잡니다.
⑥ 1개씩 모두 성공하면 2개를 올리고 잡는다.

진행팁 2인 1조로 서로 쏘고 받기 시합을 할 수 있다.

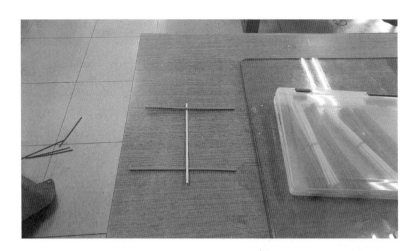

5.
산가지 놀이
:중심 잡기

개요　산가지 위에 다른 산가지를 올려서 떨어지지 않도록 중심을 잡는 놀이다. 집중력과 인내심을 키울 수 있고 아슬아슬한 상황에 손에 땀을 쥐게 만드는 재미있는 놀이다.

소요시간　10분~15분

준비물　산가지(또는 나무젓가락)

준비방법　서로 방해 받지 않도록 일정한 간격을 두고 자리에 앉게 한다.

진행방법　① 중심 잡기용으로 사용할 산가지 2개를 손에 쥔다.
　　　　② 손에 쥔 산가지 위에 다른 산가지 1개를 올린다.
　　　　③ 올린 산가지를 떨어뜨리지 않고 계속 올린다.
　　　　④ 익숙해지면 산가지 1개를 손에 쥔다.
　　　　⑤ 같은 방식으로 떨어뜨리지 않고 산가지를 계속 올린다.
　　　　⑥ 가장 많은 산가지를 올린 사람이 이긴다.

진행팁　올린 상태에서 3초간 버티면 올린 개수를 인정한다.

6.
산가지 놀이
: 창작물 만들기

개요 산가지를 가지고 여러 모양을 만드는 미술 놀이다. 주어진 산가지 개수를 가지고 각자가 생각하는 여러 이미지를 직접 만들어 보는 창의 놀이면서 공동 창작놀이다.

소요시간 10분~15분

준비물 산가지(또는 나무젓가락)

준비방법 바닥에 앉아서 마음껏 표현할 수 있도록 넓은 공간을 제공한다.

진행방법 ① 산가지 10개를 나누어 준다.
② 산가지만을 이용해 각자가 원하는 것을 만든다.
③ 여러 명이 함께 공동 작업을 진행할 수 있다.

진행팁 공동 작업을 진행할 경우는 특정한 지역이나 공간을 제시할 수 있다.

7.
산가지 놀이
:주사위 놀이

개요 산가지를 1개에서부터 6개까지 묶음으로 펼쳐 놓고 주사위를 굴려 숫자를 맞추는 놀이다. 실력보다 우연성에 기초한 놀이여서 끝까지 승부를 예측할 수 없이 즐겁게 놀 수 있는 놀이다.

소요시간 15분~20분

준비물 산가지(또는 나무젓가락), 주사위

준비방법 규칙이 다소 어려울 수 있다. 반복해서 설명하고 주사위를 던질 때 산가지에 부딪치지 않도록 알려준다.

진행방법 ① 4명이 한 모둠이 된다.
② 1인당 산가지 21개를 나누어 갖는다. 주사위는 모둠당 1개씩 갖는다.
③ 각자 자기 앞에 산가지를 1개부터 6개까지 순서대로 펼쳐 놓는다.
④ 순서대로 주사위를 던져서 나온 숫자에 해당하는 산가지를 아래로 내린다.
⑤ 다음 차례에서 던진 주사위 숫자가 아래로 내린 숫자이면 산가지를 다시 위로 올린다.
⑥ 산가지를 가장 먼저 아래로 모두 내린 사람이 이긴다.

142

진행팁 참가하는 인원이 많으면 2명씩 짝이 되어 진행할 수도 있다.

8.
산가지 놀이
: 산가지떼기

개요 산가지를 쌓아 놓은 후에 다른 산가지를 건드리지 않고 떼어내는 놀이다. 잠시도 방심할 수 없는 고도의 집중력이 요구되는 놀이다.

소요시간 15분~20분

준비물 산가지(또는 나무젓가락)

준비방법 3명~5명 정도의 소모둠으로 진행하는 것이 좋다. 책상보다는 흔들리지 않는 바닥에서 진행하고, 산가지 뿌리기는 진행자가 직접 뿌릴 수 있도록 한다.

진행방법
① 모둠별로 산가지 30개~50개를 나누어 준다.
② 진행자가 모든 산가지를 손에 쥐고 바닥에 뿌린다.
③ 순서대로 1명씩 바닥의 산가지를 1개씩 가져간다.
④ 다른 산가지를 건드리지 않고 가져가면 계속 가져갈 수 있다.
⑤ 다른 산가지를 건드리면 잡고 있던 산가지를 더미 위에서 떨어뜨린다.
⑥ 남아 있는 산가지가 없을 때까지 진행하고, 가장 많이 가져간 사람이 이긴다.

진행팁
(1) 건드린 여부는 순서가 아닌 참여자가 판정하고 무조건 이에 따른다.
(2) 모둠별로 산가지 높게 쌓기를 진행할 수도 있다.

개요	누군가는 도망가고, 누군가는 잡으러 가고, 서로 쫓고 쫓기는 숨가쁜 놀이다. 계속해서 도망자가 바뀌기 때문에 한 순간도 긴장을 풀수 없는 놀이다. 서로 자연스럽게 신체 접촉이 이루어지기 때문에 처음 만남의 순간에 쉽게 친숙해질 수 있는 놀이다.

소요시간 20분~30분

준비물 없음

준비방법 모든 공간에서 도망 다니지 않도록 놀이 공간을 미리 정해 알려준다.

진행방법
① 술래 1명, 도망자 1명을 정한다.
② 나머지 사람들은 3인 1조로 나란히 손을 잡고 떡꼬치가 된다.
③ 도망자는 도망가고 술래가 잡으러 간다.
④ 도망자가 술래를 피해 도망가다가 떡꼬치 끝에 있는 사람 손을 잡으면 반대편 끝에 있는 사람이 도망자가 되어 도망간다.
⑤ 술래한테 잡힌 도망자가 새 술래가 되고, 도망자를 잡은 술래는 새 도망자가 되어 도망간다.
⑥ 같은 방법으로 계속 이어서 진행한다.

진행팁 3명 이상 여러 명이 떡꼬치가 될 수 있다.

10.
어미 닭과 너구리

개요 3명~5명의 닭 가족이 너구리의 공격을 피해서 도망 다니는 놀이
다. 꼬리잡기 놀이와 비슷하다. 닭 가족의 맨 앞에서 너구리로부터
가족을 지키는 어미닭과 너구리의 싸움이 흥미롭게 펼쳐진다.

소요시간 20분~30분

준비물 없음

준비방법 빠르게 움직이고, 움직임이 큰 놀이다. 장애물이 없고, 넘어져도
안전한 놀이 공간을 준비한다.

진행방법 ① 너구리 1명을 정한다.

② 나머지는 3명~5명의 모둠을 만들고 어미 닭과 너구리가 된다.

③ 맨 앞 사람이 어미 닭이 되고 나머지는 차례대로 앞 사람의 허
리를 잡는다.

④ 너구리는 반드시 맨 뒤에 있는 막내 병아리만 잡을 수 있다.

⑤ 너구리는 병아리의 등을 쳐서 잡아야 하고, 닭은 너구리로부터
병아리를 보호한다.

⑥ 너구리와 어미 닭은 모두 서로의 몸에 접촉할 수 없다. 너구리
는 어미 닭의 몸을 피해서 막내 병아리에게 다가가야 한다.

⑦ 어미 닭과 병아리의 잡은 손이 끊어지거나 막내 병아리가 잡히
면 새로운 너구리를 정하고 다시 시작한다.

진행팁 함께 움직이기 때문에 닭 가족의 숫자가 많을수록 어렵다. 유아의 경우 어미닭과 막내 병아리는 1명~2명이 적당하다.

11.
청개구리와 뱀

개요 수건돌리기 놀이와 비슷하다. 술래가 무슨 말을 하게 될지 알 수 없어서 계속 긴장하며 재미있게 놀이에 참여할 수 있다.

소요시간 20분~30분

준비물 없음

준비방법 넓은 공간에서 원을 중심으로 뛰기 때문에 서로 부딪치지 않도록 주의를 준다. 바닥에 미끄러지지 않도록 실내화를 신거나 양말을 벗고 진행한다.

진행방법
① 수건돌리기와 같이 동그랗게 앉는다.
② 술래가 1명의 어깨를 짚으면서 "개구리"라고 하면 아무 일도 일어나지 않지만, 술래가 "청개구리"라고 외치면 양옆 사람은 두 손을 번쩍 들고 "굴개굴개"라고 외쳐야 한다.
③ 손을 들지 않거나 잘못 외친 사람은 진행자가 뿅망치로 벌을 준다.
④ 술래가 1명의 어깨를 짚으면서 "뱀"이라고 외치면 술래는 도망가고 뱀은 술래를 잡으러 간다.
⑤ 술래가 뱀에게 잡히면 나머지 사람들이 "굴개굴개"라고 외치면서 등을 두드리는 벌을 내린다.

진행팁 술래는 1바퀴 다 돌기 전에 뱀을 지목하도록 한다. 술래가 도망칠 때 원에서 벗어나거나 안으로 들어갈 수 없다.

개요 종이컵에 탁구공을 넣고, 공을 쏘아서 목표물을 맞추는 놀이다. 모둠끼리 경쟁해서 빠르게 목표물을 맞힐 수 있도록 서로 협력하고 배려하는 재미있는 놀이다.

소요시간 20분~30분

준비물 종이컵, 테이프, 가위, 풍선, 탁구공(또는 솜공)

준비방법 종이컵 총을 사전에 만들어서 준비해야 한다. 4명~5명이 한 모둠이 되고 모둠별 1개의 종이컵 총을 제공한다.

진행방법 ① 종이컵 바닥을 동그랗게 뚫는다.
② 풍선 밑부분을 가위로 자르고 종이컵 밑을 에워싼다.
② 투명테이프로 풍선을 종이컵에 고정되도록 붙이고, 주둥이를 묶는다.
④ 종이컵 안에 탁구공을 넣고 풍선을 당겼다가 놓으면 탁구공이 날아간다.
⑤ 출발선을 정하고 모둠별로 줄을 선다.
⑥ 1명이 탁구공을 쏘고, 날아간 탁구공을 주어서 다음 사람에게 전달한다.

진행팁 탁구공 대신 솜공을 사용할 수도 있다.

13.
죽방울 받기

개요   종이컵에 끈으로 매단 솔방울을 던지고 받는 놀이다. 던진 솔방울이 종이컵에 잘 들어갈 수 있도록 힘 조절이 요구되는 놀이다.

소요시간   15분~20분

준비물   종이컵(또는 플라스틱컵), 솔방울(또는 작은 인형), 끈, 나무젓가락

준비방법   사진에서처럼 솔방울 대신 인기 있는 캐릭터 인형을 매달고, 종이컵 대신 큰 플라스틱컵을 이용해서 놀이감을 만든다.

진행방법   ① 4~6명의 모둠으로 나눈다.
② 모둠별로 죽방울 놀이도구를 1개씩 나누어준다.
③ 솔방울을 종이컵 안에 넣을 때까지 반복하고, 성공하면 다음 사람에게 넘긴다.
④ 가장 빠르게 모두 성공한 모둠이 이긴다.

진행팁   모두 하나의 큰 원으로 둘러서서 몇 개의 죽방울을 가지고 동시에 진행할 수도 있다.

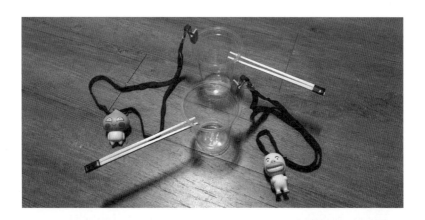

14.
비석치기

개요 신체 각 부위를 이용해서 상대방 비석을 쓰러뜨리는 놀이다. 돌을 던지는 놀이지만 돌 대신 톱밥을 다져서 만든 네모난 나무를 사용한다.

소요시간 20분~30분

준비물 톱밥으로 만든 비석, 마킹테이프

준비방법 신체 부위를 활용한 여러 가지 비석치기 방법을 설명한다. 적당한 간격을 두고 출발선과 비석을 놓은 위치를 표시한다.

진행방법 ① 모두에게 비석 1개를 나누어 준다.
② 두 모둠으로 길게 서서 서로 마주 보도록 한다.
③ 가운데 비석 세울 곳을 정하고 선공과 후공으로 나눈다.
④ 여러 비석치기를 한 후에 가장 많은 비석을 쓰러뜨린 모둠이 이긴다.

진행팁 진행자가 다음 중 하나를 얘기하면 그에 맞는 동작으로 진행한다.
- 도둑발 : 비석을 발등에 올려놓고 이동한다.
- 오줌싸개 : 비석을 무릎 사이에 끼운다.
- 똥싸개 : 비석을 가랑이 사이에 끼운다.
- 배사장 : 비석을 가슴에 올려놓는다.
- 신문팔이 : 비석을 겨드랑이에 끼운다.

훈장 : 비석을 어깨 위에 올린다.

떡장수 : 비석을 머리 위에 올린다.

개요	혼자서 또는 여럿이 함께 할 수 있는 놀이다. 작은 돌멩이만 있으면 되고, 규칙도 간단하고 재미있어서 세계 여러 나라에서 조금씩 다르게 전해져오는 보편적 놀이다.

소요시간 　20분~30분

준비물 　돌(비석), 마킹테이프

준비방법 　참가자의 신체 크기를 고려해서 적당한 크기의 사방치기 놀이판을 바닥에 그리거나 표시한다.

진행방법
① 사방치기 놀이판을 바닥에 그린다.
② 맨 아래 왼쪽 칸부터 1~8까지 숫자를 적는다.
③ 작고 납작한 물체를 1부터 던져서 나머지 칸을 발로 딛고 돌아와서 던진 물체를 다시 집고 나오는 놀이이다.
④ 성공하면 다음 숫자 칸에 물체를 던지고 계속 진행한다.
⑤ 숫자 칸에 물체를 던지지 못하거나, 선을 밟으면 죽는다.
⑥ 마지막 숫자까지 성공하면 물체를 던져서 땅을 차지할 수 있다.

진행팁 　저학년의 경우 숫자 6 이상에 돌을 던지기 힘들어하면 엘리베이터(출발선을 3번 아래 선으로 이동)를 설치할 수 있다.

16.
우물고누

개요	'고누'라는 작은 나무 조각과 놀이판을 이용해서 승부를 내는 오래된 전통놀이다. 고누놀이는 상상력과 창의력을 키우고 전략적 사고력을 발휘할 수 있다.

소요시간	10분~15분

준비물	우물고누 놀이판, 말(바둑알)

준비방법	2명이 1개의 놀이판과 각자 다른 색깔의 말 2개씩 가질 수 있도록 한다.

진행방법	① [그림 16-1]처럼 말을 놓는다.
	② 선을 따라 한 번에 한 칸씩 말을 움직일 수 있다.
	③ 맨 처음 시작할 때는 1과 4는 움직일 수 없다. 바로 놀이가 끝나기 때문이다.
	④ 서로 차례로 말을 움직이다가 내 말을 움직일 수가 없으면 진다.
	⑤ [그림 16-3]은 흑이 이긴 것이고, [그림 16-4]는 백이 이긴 것이다.

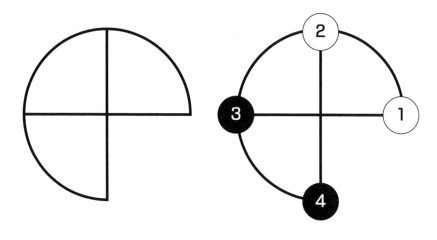

[그림 16-1]   [그림 16-2]

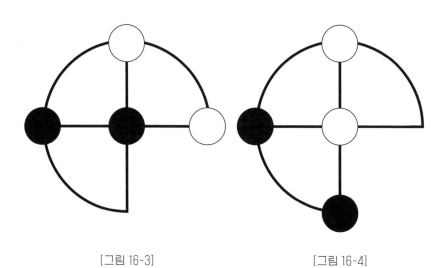

[그림 16-3]   [그림 16-4]

17.
호박고누

개요 예전부터 전해오는 보드 게임이다. 고누판이 우물 모양이면 우물 고누, 호박 모양이면 호박고누, 밭 모양이면 밭고누 이렇게 여러 가지 고누놀이가 있다.

소요시간 10분~15분

준비물 호박고누 놀이판, 말(바둑알)

준비방법 2명이 1개의 놀이판과 각자 다른 색깔의 말 3개씩 가질 수 있도록 한다.

진행방법 ① [그림 17-1]처럼 말을 놓는다.
② 선을 따라서 번갈아 한 칸식 말을 움직일 수 있다.
③ 처음 말을 놓았던 곳이 자기 집이며, 집에서 움직인 말은 다시 돌아갈 수 없다.
④ 남의 집에 들어간 말도 다시 나올 수 없다.
⑤ 가운데 원 부분에서는 마음대로 움직일 수 있다.
⑥ [그림 17-2]와 같이 자기 차례에 더 이상 움직일 곳이 없으면 진다.

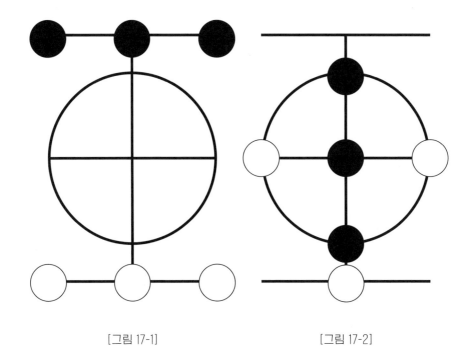

[그림 17-1]   [그림 17-2]

Chapter 5
통합예술놀이
적용사례

"약을 복용하고 학교에 오는 ○○이는 2학기에 분노와 함께 우울감이 많이 올라왔다. 아주 사소한 것 한 가지라도 뜻대로 되지 않으면 책상과 의자를 집어던지고 친구들의 머리를 가격하거나 … "

"공교육 보통 초등학교에서 누구도 감당하기 어려운 아이다. 28년 교직 경력에 학급 운영에는 자기 효능감이 높아 자발적으로 이 아이를 맡았지만 뼈를 갈고 심장이 멈춰버릴 듯한 산재에 해당하는 상황이 매일 연출된다. 몇 명의 교사가 죽어 나가야 대책이 마련될지 … "

"부디 이 아이를 특수기관에서 맡아주셨으면 한다. 특별한 돌봄과 정신과 치료가 필요한 아이다. 이대로 두었다가는 미래의 누군가가 폭력의 희생자가 되고 ○○이는 가해자가 될 불보듯 뻔한 세상이 그려진다. 그럼에도 이 아이를 적극적 치료에 임하지 않는다면 미래의 피해자에 대한 공범이기도 하다. … "

개인 상담 의뢰와 함께 전달된 담임 선생님의 글이다. 선생님의 간절함과 아픔이 가슴 깊게 다가왔다. 선생님은 물론 아이와 아이의 친구들이 겪고 있을 고통을 생각하면서 마음이 급해지기 시작했다. 이 친구는 어떤 아이일까? 난 어떻게 해야 할까? 걱정과 고민도 함께 시작되었다.

아이는 이미 놀이치료와 미술치료 등 여러 가지 상담과 치료를 경험한 상태여서 첫 만남부터 상담자에 대한 거부감이 큰 상태였다. 그래서 아무것도 묻지 않았다. 몸으로 인사를 나누고 몸으로 놀면서 가까워질 수 있었다. 나와 아이가 함께 놀면서 점차 웃는 시간도 늘어나게 되었고 마음을 열고 대화하는 시간도 늘어나게 되었다.

아이와의 마지막 만남을 지금도 잊지 못한다. '나의 공간 만들기' 시간에 ○○이의 집을 함께 만들었고, 그 집에 나를 첫 손님으로 초대해 주었다. 나는 아이를 힘껏 안아주었고, 아이는 내게 "선생님 가지 마세요"라고 말했다. 이 아이는 그동안 얼마나 외롭고 힘들었을까? 그 외로움과 아픔의 크기가 느껴져서 가슴이 아팠다. 그저 손잡고 같이 놀아주고, 같이 웃어주는 사람이 단 한 명만 있었어도 지금의 이런 아픔은 생겨나지 않았을 것이다.

그때 나에게 이런 약속을 했다. 내가 할 수 있는 것을 다른 사람도 할 수 있게 하자. 내가 가진 것을 나누고 이젠 책을 쓰자.

통합예술놀이 치유 프로그램 계획서

_ 이훈

1. 프로그램의 대상과 시간

- **참여대상**: ○○초등학교 4학년 1명(남자)
- **대상특성**: ADHD, 파괴적충동조절 및 품행장애, 의사소통장애 등이 예상되는 위기 학생
- **교육 시간**: 주 1회(10회기 진행 예정)

2. 프로그램의 주제: 피어나는 희망꽃

3. 프로그램의 효과

하나. 자신과 타인에 대한 긍정성 구축하기

자신과 타인에 대한 부정적 감정을 통합예술치료에 기반한 다양한 치유 프로그램과 놀이를 통해 희망의 씨앗을 찾을 수 있도록 돕고, 스스로 희망의 씨앗을 키우는 힘을 기를 수 있도록 한다.

둘. 느림, 반복, 조절, 협업의 맛 즐기기

위기 아동들이 대부분 외면하는 느림, 반복, 조절, 협력의 과정을 예술과 놀이의 접목을 통해 즐길 수 있도록 한다.

셋. 표현과 소통의 힘 키우기

내 마음 알아채기 / 표현하기 / 상대방 마음 알아채기 / 이해하고 나누기 과정을 경험하고 즐기며 표현과 소통의 힘을 키운다.

넷. 문화, 예술 감수성 함양하기

통합예술 프로그램을 통해 삶의 이야기를 경험하고 시연함으로써 문화예술 감수성을 함양한다.

4. 프로그램의 단계별 목표

단계	목표
초기(1~2회기)	안정감과 신뢰 형성 / 참여 욕구 증대
중기1(3~5회기)	느림, 반복, 협력 즐기기
중기2(6~8회기)	표현, 소통의 힘 기르기
종결기(9~10회기)	문화예술 감수성 함양

5. 프로그램의 구체적 활동

회차	주제	내용
1	반갑다 친구야	• 인사 나누기(몸으로 표현하는 자기소개) • 자석 놀이 / 산, 바다 • 과정 안내 및 의견 나누기
2	마음 나누기	• 문장 완성 검사 • 얼굴 풍선 만들기
3	놀이 치료 ①	• 틀린 그림 찾기 • 젠가
4	놀이 치료 ②	• 컵 난타 • 컵 쌓기
5	미술 치료 ①	• 그림 테스트 / HTP 테스트
6	미술 치료 ②	• 6조각 그림 그리기(라하드 6조각 그림 그리기)
7	연극 치료 ①	• 감정 표현하기 / 감정 파악하기 • 분노조절 프로그램
8	연극 치료 ②	• 사물 표현하기 / 마음 찾아가기 / 내 안의 이야기 찾기
9	푸드테라피	• 푸드 올림픽
10	나의 공간 만들기	• 내 집 설계하기 • 내 집 만들기

통합예술놀이를 통한 개인 상담

_ 이훈

1. 내담자: 중학교 3학년 남학생

2. 의뢰 사유 및 주호소 문제

내담자는 '공격성과 분노조절 문제'를 사유로 ○○중학교 위클래스와 지역 구청에서 도움을 받고 있다. '학업수행능력'이 부족하고 '감정조절'에 어려움을 겪고 있다(심한 욕설과 공격행동화). 부모와 여동생에게도 폭력을 행사하고, 파출소에 들어가 욕설을 하기도 한다.

3. 진단 및 치료 이력

언어치료와 놀이치료 경험이 있었지만 상담사에게 폭력을 행사하여 대부분 중단되었다. 학교내에서 상담 경험이 많아 상담에 대한 거부감이 크다.

4. 사회관계 및 학업 능력

내담자가 교내에서 가까이 지내는 친구는 없다. 성적은 전교 꼴등 정도라고 하고, 교과서의 글을 잘 읽지 못하고 글의 내용을 이해하지 못하는 것으로 예상된다.

5. 상담을 위한 요청 사항

- **회차:** 1회 1시간 10회기
- **장소:** 상담실에 대한 거부감이 크고, 생활 환경에 대한 파악이 필요하므로 내담자의 집
- **환경:** 상담 시간 동안 집에는 상담사와 내담자 외 모든 가족의 부재를 요청

【치료일지】

일자	2021. 06. 07	회기	1회 / 총 10회
내담자	000	장소	내담자 자택

내용	• 첫 만남에 시선을 마주치지 않고 주먹 인사를 거부함 • 방문한 본인이 어떤 사람일 것 같은지 물어보자 50대 초반에 심리상담사 같고, 경찰은 절대 아니라고 말함 • [노는극단] 배우이며 내담자와 함께 주로 놀면서 상담과 놀이를 병행할 예정임을 설명함 • 2가지 약속을 안내함(① 시간 지키기, ② 상담자 믿고 따르기) • 오늘 프로그램(어려운 것과 쉬운 것)의 순서를 내담자가 어려운 것을 먼저 하자고 요청함 • 문장완성검사 실시   –. 진지하게 임하지 않고 빠른 속도로 짧은 문장으로 완성함 –. 그럼에도 불구하고 몇가지 유의미한 문장에 대해 이야기 나눔 (2. 내 생각에 가끔 아버지는 보고 싶다.) (50. 아버지와 나는 적이다.) • 자석놀이(2인 1조 움직임 유도) 실시 • 금방 싫증내고 힘들어 함 • 동작과 소리 따라하기(하나, 둘, 셋, 액션! 게임) • 동시에 움직인 뒤 멈춤과 함께 소리내면 바로 따라하기 시합에 재미있게 참여하며 적극성을 보임 • 이후 진행 과정에 대한 안내
결과	• 생각하는 것을 싫어하고 자기 자랑하기를 좋아함 • 쉽게 싫증내고 반복되는 것을 싫어함 • 동작과 소리 따라 하기에서 승부에 집착하며 적극적으로 참여함 • 순발력과 운동신경이 발달한 것으로 판단됨 • 종료 뒤 주먹 인사를 나누고 간단한 신체접촉을 받아들임

【치료일지】

일자	2021. 06. 14	회기	2회 / 총 10회
내담자	000	장소	내담자 자택

내용	• 첫 만남과 달리 눈을 마주보고 인사하며 상담자를 맞이함
	• 1회기 프로그램 동작과 소리 따라하기 시합에서 내담자가 보여준 우수함을 칭찬하고 다시 수차례 반복 진행함
	• 휴대폰을 이용한 모바일 게임 '틀린 그림 찾기'를 내담자와 상담자가 함께 경쟁함

	    – 자신의 우월함을 증명하기 위해 적극적으로 참여했으나 단계가 높아질수록 힘들어 하여 중단을 요청하기도 하고 편법을 사용하기도 함
	    – 하지만 대체로 잘 참아내고 예상보다 빠른 성과를 이뤄냄
	
	• 긍정성 검사 실시: 모든 질문에 '매우 동의'로 체크함

결과	• '틀린 그림 찾기'에서 높은 집중력과 관찰력을 보여줌 • 답답함과 짜증나는 상황에서도 다시 도전하고 끝까지 완주하는 경험을 갖게 됨 • 지는 것을 싫어하고 자신이 우월하다는 것을 보여주고 싶어하는 내담자의 특성을 고려한 프로그램 활용이 요구됨 • 다음 만남에서 '틀린 그림 찾기' 높은 단계 시합을 진행할 것을 알리고 연습을 권유함

【치료일지】

일자	2021. 06. 28	회기	3회 / 총 10회
내담자	000	장소	내담자 자택
내용	• 방문하여 내담자를 살펴보니 내담자가 어머니의 도움으로 몸 단장을 하고 있어서 외출을 준비하고 있는 것으로 판단함 • 내담자는 상담이 종료한 후에 약속이 있으니까 상관없다고 대답함 • 지난 회차에서 약속한 '틀린 그림 찾기' 모바일 게임을 하자고 하니 내담자가 저장 용량을 언급하며 점차 호흡이 빨라지고 언성이 높아지면서 상담자에게 폭언을 시작함 • "나는 경찰도 무섭지 않고 선생님도 내가 팰 수 있다. 아무도 나를 막을 수 없다" 라는 등의 협박을 하며 흥분하기 시작함 • 상담을 진행하기 힘든 상태이며 마음이 가라앉으면 언제든 다시 오겠다는 말을 남기고 자리를 피함
결과	• 이후 계속된 치료 진행을 위해서는 내담자의 반성과 상담자에게 직접 사과하는 절차가 반드시 필요함을 어머니와 기관 담당자에게 설명함

【치료일지】

일자	2021. 07. 05	회기	4회 / 총 10회
내담자	000	장소	내담자 자택

내용	• 내담자가 지난 회기의 만남에서 일어난 일에 사과했으나 일어난 일에 대해서 본인은 기억나지 않고 이야기를 들었다고 함
	• 자신의 좋은 점과 나쁜 점 3가지를 이야기하기로 함
	• 내담자가 스스로 생각하는 좋은 점
	  ① 배려심(여자 친구들이 나에게 예의바르고 다정하다고 이야기한다.)
	  ② 자존심(아빠 닮아서 굉장히 세다.)
	  ③ 사교성(하루 만에 누구하고도 친해진다.)
	• 내담자가 스스로 생각하는 나쁜 점
	  ① 게으름(주변을 정리하지 않는다. 공부를 열심히 하지 않는다.)
	  ② 화냄(친구와 엄마에게 / 하지만 내 탓이 아니라 다 이유가 있기 때문이다.)
	• '라하드의 6조각 이야기' 프로그램 진행: 불성실한 참여로 결과 해석 불가함

	• 배우고 싶은 악기는? 드럼
	• 배워볼 생각은? 지원 받은 적이 없다(현재의 지원에 대해서 수차례 언급함).
	• 용돈은? 필요 없다. 필요하면 다 받을 수 있다.
	• 다음 상담에서 하고 싶은 것은? 학교폭력처벌에 관해서 자세히 알고 싶다.

결과	• 문제의 원인을 외부 탓으로 돌리고, 이것이 힘들 경우는 자신의 잘못을 인정하지 않고 기억상실이라는 방어기제를 활용하는 것으로 판단됨 • 기관의 지원에 익숙해져 있고 거짓말과 절도 등의 행위에 대한 도덕적, 윤리적 인지가 많이 부족한 상태임 • 자신의 감정 표현(말, 표정, 행동)과 더불어 타인의 감정을 인지하는 훈련이 필요해보임

【치료일지】

일자	2021. 08. 24	회기	5회 / 총 10회
내담자	000	장소	내담자 자택

내용	• '학교폭력예방 및 대책에 관한 법'에 대해 설명하고 자료를 전달함 • 학교폭력 / 가해자 / 피해자 / 처벌에 대해 설명하고 이야기 나눔 • 감정카드를 활용한 프로그램 진행   ① 표정과 단어가 적힌 카드를 긍정 감정과 부정 감정으로 구분하기 ② 긍정카드 중에서 자신이 자주 경험하는 감정 3가지 찾아내기 ③ 각각의 감정을 말과 표정과 몸짓으로 동시에 표현하기(서로 알아맞히기 게임) ④ 부정카드 중에서 자신이 자주 경험하는 감정 3가지 찾아내기 ⑤ 각각의 감정을 말과 표정과 몸짓으로 동시에 표현하기(서로 알아맞히기 게임)   ⑥ 이야기 만들 긍정카드와 부정카드 2장씩 선택하기 ⑦ 감정카드 단어를 포함한 문장 만들기 　－. 엄마가 날 위해 맛있는 요리를 해 주셔서 <u>감사하다.</u> 　－. 처음 사회에 나와서 너무 신나고 <u>흥분된다.</u> 　－. 오늘 따라 매일 수업은 반복되고 하기 싫은 것을 해서 <u>지친다.</u> 　－. 어떤 친구가 자꾸 이상한 짓을 하고 막 곤충 같은 느낌으로 행동을 해서 　　<u>한심하다.</u> ⑧ 내담자가 주인공이 되고 상담자가 대상이 되어 즉흥극으로 표현함

결과	• 학교폭력 / 가해자 / 피해자 개념을 정확히 인지하고 있음 • 감정을 표현하는 말과 표정, 동작 등이 매우 부족하지만 점차 나아지는 것이 눈에 　띄며 발전 가능성이 높음 • 문장을 구성하는 단어에 대한 이해와 배열, 맞춤법, 띄어쓰기 등이 우수함 • 감정 표현의 예를 들 때 엄마에 대한 고마움을 자주 표현함

【치료일지】

일자	2021. 08. 31	회기	6회 / 총 10회
내담자	000	장소	내담자 자택

내용	• 푸드테라피 활용 과자 옮기기 / 컵타 배우기

① 주어진 시간 내에 나무젓가락으로 과자 옮겨서 소유하기
② 2개 컵에 분리해서 담아 선물하기
③ 컵타 기본 동작 배우기
④ 컵타 응용 동작 만들기

• 그림책 하브루타

① 그림책(큰 늑대 작은 늑대) 서로 번갈아 읽기
② 동화책 내용에 관해 질문하고 답하기(하브루타)

결과	• 동생과 어머니에게 주고 싶다며 과자 옮기기 과정에 열심히 참여함 • 동생과 어머니가 좋아하는 과자를 컵 2개에 분리해서 담음 • 컵타 응용 동작 만들기에 적극적으로 참여하여 본인의 의지를 관철함 • 그림책 읽기를 힘들어하여 중간에 포기할 뜻을 비쳤지만 결국 끝까지 읽고 만족함 • 책을 처음으로 끝까지 읽었다고 자랑하며 뿌듯해함

【치료일지】

일자	2021. 09. 08	회기	7회 / 총 10회
내담자	000	장소	내담자 자택

내용	• 초성 게임

① 초성 게임 카드를 활용하여 단어 만들기 게임 진행
② 초성 게임 카드를 활용하여 문장 만들기 게임 진행

• 감정카드로 이야기 만들기

① 과거, 현재, 미래(가능), 상상(불가능) 이야기 만들기를 설명함
② 이야기에 들어갈 감정 선택하기(미래와 상상은 반드시 긍정적 감정카드 선택할 것)
③ 만든 이야기를 문장으로 표현하기

결과	• 초성 게임에서 단어를 빠르게 찾아내어 어휘력이 낮지 않음을 예상함

• 초성 게임에서 단어를 빠르게 찾아내어 어휘력이 낮지 않음을 예상함
• 문장을 구성하는 단어에 대한 이해와 배열, 맞춤법, 띄어쓰기 등이 우수함
• 과거(미안하다. 한심하다.) / 현재(지루하다. 감사하다.) / 미래(행복하다. 편안하다.) / 상상(괜찮다.)
• 상담: 태권도학과에 가고 싶다며 공부하려는 의지를 보임(공부를 위해 먼저 해야 할 것이 분노조절임을 인정하고 프로그램 진행을 요청함)

【치료일지】

일자	2021. 09. 15	회기	8회 / 총 10회
내담자	000	장소	내담자 자택

내용	• 분노조절 프로그램  ① 분노조절 관련 동영상 시청하기(스펀지) ② 분노지수 측정하기 ③ 주된 분노의 순간 파악하기 ④ 분노조절 방법 선택하고 실습하기 • 젠가  ① 과자 상품을 걸고 젠가 게임 실시하기 ② 분노조절을 위한 호흡과 마음 진정하기, 천천히 움직이기를 적용하기 ③ 분노의 순간 파악하기 　– 선생님의 (차별, 의심) / 친구의 (무시) 　– 엄마의 (불신) / 경찰의 (강압)

결과	• 분노지수 검사 결과(84)가 높게 나옴을 인정함 • 분노의 순간 파악하기에서 기억을 떠올리며 쉽게 흥분함 • 젠가에 적극적으로 참여하며 힘 조절과 공간 지각을 잘함 • 금연하고 싶다는 의사를 보였다가 잠시 뒤 줄이는 방법을 물어 봄

【치료일지】

일자	2021. 09. 29	회기	9회 / 총 10회
내담자	000	장소	내담자 자택

내용	• MR(Movement Ritual)  ① 무브먼트 5번 '척추를 나선형으로 회전하기' 경험하기 ② 진행자의 안내에 따라 움직이기 　　-. 스스로 움직이기 / 역할 바꿔 움직이기 • 푸드테라피와 솔라리움 카드  ① 2인이 서로 손을 잡고 협력하여 여러 가지 먹거리로 물건 만들기 ① 솔라리움 카드를 통해 자신의 감정 찾아보고 표현하기 　　-. 과거 / 현재 / 미래에 관해 질문하고 어울리는 카드 선택하기 　　-. 카드를 선택한 이유 설명하기
결과	• MR을 경험하고 흥미를 갖게 됨 • 솔라리움 카드를 선택한 이유를 설명하면서 말의 속도와 발음 등이 이전보다 좋아짐을 인지함 • 태권도 관장이란 꿈을 명확히 보여 줌 • 10회차 마지막 프로그램은 가족과 함께하기로 약속함 　(담당자의 도움으로 행당 1동 주민센터 다목적실을 사용하기로 함)

【치료일지】

일자	2021. 10. 06	회기	10회 / 총 10회
내담자	000	장소	내담자 자택

내용	〈가족과 함께 하는 프로그램 진행〉 • 동작 따라하기(하나, 둘, 셋, 액션! 게임) : 동시에 움직인 뒤 멈춤과 함께 소리 • 내면 바로 따라 하기(내담자, 어머니, 여동생, 담당자 총 4명 참여) • MR 5번: 다목적실 바닥에서 내담자의 리드로 진행함 • 컵쌓기 • 푸드테라피 ① 2인 1조가 되어 서로 손을 잡고 과자 옮겨서 그릇에 담기 ② 그릇에 있는 과자를 이용하여 내가 원하는 공간 만들기 ③ 내담자와 어머니는 청계천을 표현함 ④ 여동생과 상담자는 수영장을 표현함 ⑤ 만든 공간에 대해 내담자와 여동생이 설명하고 이를 동영상으로 촬영함

결과	• 내담자의 가족이 처음으로 가족프로그램에 참여함 • 내담자가 어머니와 의견을 차분하게 나누며 열심히 참여함 • 동작 따라하기에서 여동생의 참여 의지가 낮았으나 점차 회복되어 이후 저극적으로 참여힘 • 내담자의 분노 표출이 예상될 때 어머니와 여동생이 MR 5번을 권하기로 약속함 • 이후 지속적인 관심과 지도가 내담자에게 매우 필요한 것으로 판단됨

사례 참여자_ 이훈

통합예술공간 '아침교육연구소' 대표
플레이백시어터 '노는극단' 배우
'한국긍정심리강점전문가협회' 회원
'금융과행복네트워크' 이사
'경기지역경제교육센터' 강사

통합예술놀이전문가/통합예술심리상담사/모래놀이상담사
놀이경제교육전문가/세계전래놀이전문지도사/보드게임지도사
진로교육전문가/인성교육지도사

주요활동 통합예술놀이전문가–자격과정/놀이경제교육전문가–자격과정
　　　　　놀이치료/개인 및 집단상담/교육연극
연 락 처 ggumkis@naver.com

한부모(부자) 위기 가정의 경제적 안정과 올바른 가치관 형성 및 독립을 위한 경제교육

_ 박영사

1. 사업의 필요성

사람은 경제주체로서 본인의 의사와 무관하게 경제 활동을 이어가고 경제생활 속에서 살아간다. 이러한 경제생활에서 어떤 이는 경제주체로서 경제 활동을 순탄하게 이어가기도 하지만 자의든 타의든 순탄한 경제 활동을 이어가지 못하는 사람도 생겨나기 마련이다.

사회적 약자라고 분류되는 사람들의 대다수 공통점은 경제주체로서의 경제 활동에 어려움을 겪고 있다는 것이다. 이런 이유로 최근 사회적 약자를 위한 경제적 지원과 더불어 경제 인프라 구축과 경제교육에 대한 지원이 점차 증가하고 있는 것은 매우 바람직한 현상일 것이다.

사회적 약자에 대한 경제교육의 중요성과 함께 간과할 수 없는 것이 있다. 바로 기존의 지식과 정보 전달 위주의 경제교육이 그들에게 적절하고 보다 효과적인가 하는 것이다. 지식과 정보 전달 위주의 경제교육은 교육 참가자의 욕구와 이해를 바탕으로 참가자 중심의 주제 선정과 수업 방법을 결정하였는가의 물음도 던져야 한다.

사회적 약자가 처한 현실에서 각자에게 절실한 것은 자립과 자활을 위한 물질적, 금전적 지원일 것이다. 그러나 경제교육적 관점에서 본다면 개인의 자립과 자활을 위해서는 자기성찰, 긍정성, 회복탄력성, 의사소통 능력, 사회성 등의 향상을 위한 교육과정이 반드시 동반되어야 한다고 본다. 이는 경제교육이 지금보다 현실적이고 구체적임과 동시에 보다 활동적이고, 체험적이며 참여자의 참여와 변화를 이끌 수 있는 쉽고 재미있는 경제교육으로 변화해야 한다는 과제를 제시한다.

2. 통합예술놀이를 접목한 경제교육

"예술은 지식이 놓친 사람의 마음을 이끌어 준다." 이 말이 주는 교훈을 떠올릴 필요가 있다. 예술은 내 마음의 표현이고, 표현의 과정은 즐거움이다. 즐겁게 놀면서 나를 표현하는 과정을 통해 나를 발견하고, 나아가 나에게 필요하고 내가 갈망하는 것을 찾을 수 있을 때 나는 자립과 자활을 위한 용기와 힘을 얻게 될 것이다. 경제교육에 통합예술놀이를 통한 접목과 실천이 필요한 이유도 여기에 있다.

3. 경제교육의 목표

- 경제주체로서의 나를 인정하고, 돈에 대한 나의 인식과 태도를 점검한다.
- 나의 소비 패턴을 살펴보고, 합리적 의사결정능력을 키운다.
- 나의 돈과 개인정보를 지키는 방법을 알고, 금융사기·스미싱·보이스피싱에 대처할 수 있다.
- 실생활에서 힘을 발휘할 수 있는 올바른 사고방식을 이해하고, 나의 경제 역량을 키운다.
- 개인과 가족 간의 금전 가치 및 관리의 필요성을 알고, 미래를 설계할 수 있다.

4. '경제교육 프로젝트 - 진행 계획

회차	대상	주제	내용	준비물
1	아버님	나와 돈	• 경제주체로서의 나(자기 객관화)를 이해하기 • 돈에 대한 경험, 이미지, 감정 나누기 • '나와 돈' 과거. 현재, 미래 표현하기	PPT 동영상 활동지
2	아버님	합리적 의사결정	• 나의 소비 돌아보기 • 나의 소비 패턴 알아채기('빈 의자' 기법) • 합리적 의사결정으로 소비 패턴 바꿔보기	PPT 활동지 의자
3	아버님	돈과 개인정보	• 경제주체로서 내 돈을 지키는 방법 • 개인정보의 중요성과 보호 방법 • 금융사기·스미싱·보이스피싱 역할극	동영상 활동지 연극 소품
4	자녀	나와 돈	• 경제주체로서의 나를 이해하기 • 돈에 대한 경험, 이미지, 감정 나누기 • '나와 돈' 과거. 현재, 미래 표현하기	PPT 동영상 활동지
5	자녀	용돈 관리	• 나의 소비 돌아보기 • 나의 소비 패턴 알아채기 • '나에게 10만원이 생긴다면?' 상황극	PPT 활동지 연극 소품
6	아버님 자녀	가족 경제	• 올바른 '가족 경제' 위한 선과 악 찾아보기 • 찾은 '선' 전달하기(먹거리 놀이) • 찾은 '악' 통과하기(장애물 통과 놀이)	활동지 놀이도구
7	아버님 자녀	미래 설계	• 미래의 경제생활 그려보기(6조각 이야기) • 수입, 지출, 재무관리 설계하기 • 자립과 자활의 미래 함께 표현하기	PPT 활동지 연극 소품

5. 프로그램의 구체적 활동

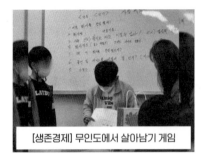

[생존경제] 무인도에서 살아남기 게임

[선택과 기회비용] 카드 뒤집기

이론과 활동이 어우러지는 경제금융교육

[비교우위] 서로의 생각을 나누며 얻는 경제 개념

[나눔과 사회적 경제] 밥퍼 게임

자립, 좋은 삶을 계획하는 경제

신문지 찢기

8421

사례 참여자_ **박영사**

'지속가능한가정경제연구소' 이사
'금융과행복네트워크' 이사
'경기지역경제교육센터' 강사

통합예술놀이전문가/아동경제교육지도사/재무테라피스트
놀이경제교육전문가/다문화전래놀이지도사/보드게임지도사

주요활동 놀이경제교육/액션메소드/머니코칭
연 락 처 sorodream@naver.com

"밥 퍼줘" 놀이를 적용해서 진행한 사례

_ 안상윤

통합예술놀이전문가 과정 중 움직임 예술놀이의 "밥 퍼줘" 놀이를 적용해서 진행한 사례입니다. 같은 놀이를 적용한 두 가지 사례를 간단하게 비교해서 정리했습니다.

구분	1차 사례	2차 사례
대상	종합병원 프리셉터 (후배 간호사를 1:1로 현장 지도할 선임간호사)	대학교수
인원	38명	24명
총 강의시간	2시간	1시간 30분
놀이 진행시간 및 구성	10분	15분
	1차, 2차 사례 모두 전체 교육 내용 중 가장 마지막 부분에 "밥퍼줘" 놀이를 배정함	

1. 교육생 구성

1차 교육은 1일 총 8시간 교육 중 오후 2시에서 4시까지 진행되었으며 교육생들은 서로 알지 못하는 관계로 당일 교육에서 처음 만나는 사이로 전반적으로 조용하고 서로 간에 낯을 가리는 모습을 보였습니다.

　2차 교육은 1박 2일 학회 워크숍 중 2일 차 마지막 교육 시간인 오전 10시부터 11시 30분까지 진행되었으며 교육생은 학회 구성원들로 대부분 서로 친분이 있어 적극적이고 즐거운 분위기에서 교육에 참여했습니다.

2. "밥 퍼줘" 놀이 적용 방법 및 취지

"밥 퍼줘" 놀이는 놀이를 시작할 때 취지나 목적을 전혀 설명하지 않고 놀이의 방법만 설명해 준 후 진행했습니다. 재미있게 놀이를 진행한 후에 교육대상자들의 특성에 초점을 맞춘 놀이의 취지를 설명했습니다.

1차 교육의 경우 이제는 선배 간호사가 되어 후배 간호사에게 의료 지식은 물론이고 병원 생활 전반에 대해서도 1:1로 알려주는 멘토가 된 선배로서 본인들이 처음 병원 생활을 시작하면서 모든 것이 낯설었던 후배의 관점에서 어떤 멘토가 될 것인가를 생각해보도록 하는 취지로 진행했습니다.

2차 교육은 대학교에서 학생들을 가르치고 있는 교수들을 대상으로 너무나 익숙해진 누군가를 가르친다는 일에 대해 다시 한번 생각해보는 시간을 갖는 취지로 진행했습니다.

두 번의 교육은 대상에 따라 각각 나는 후배 또는 학생의 관점에서 그들의 눈높이에 맞춰 그들이 필요한 것을 알려주는 선배나 교수인지를 생각해보도록 하는 것을 강조했습니다.

3. 놀이 결과

놀이는 취지를 모른 채 재미있게 진행되었고 특히, 서로 간에 친분이 있는 교수님들의 경우 최선을 다해 놀이에 참여하는 모습을 보였습니다. 서로 더 많은 사탕이나 캐러멜을 먹여주기 위해 **바닥에 손을 짚고 무릎을 꿇고 앉아** 서로에게 사탕을 먹여주었고 내 파트너가 힘겹게 먹여주는 사탕을 하나라도 더 받기 위해 **바닥에 엎드려서 얼굴을 거의 바닥에 붙이는 자세**를 보이기도 했습니다.

재미있는 놀이를 마친 후 영상을 함께 봤습니다. 영상을 본 이후 긴 막대에 연결된 숟가락을 사용하여 사탕을 먹여주는 것, 그리고 사탕을 받아먹는 것의 불편함과 어려움을 누군가에게 지식을 알려주고 받는 것과 비교해서 이야기를 나누었습니다. 눈에 보이고 손으로 만질 수 있는 사탕 하나도 이렇게 나누기 어려운데 **보이지 않는 지식을 전달하고 받아들이는 일이 얼마나 어려운 일인지에 대해 모두가 공감하는 시간**을 가지면서 후배에 대해 그리고 학생들에 대해 다시 한번 생각해보는 뜻깊은 시간을 가졌습니다. 영상의 내용 중 숟가락을 서로 지탱해주면서 함께 협력하는 모습을 강조하며 혼자서 하기 어려운 경우에는 같은 일을 하는 사람들이 함께 힘을 모아 더 좋은 조직과 결과를 만들 수 있다는 확장된 의미에 관해 전달하며 서로 이야기를 나누었습니다.

놀이를 진행한 후 영상을 보면서 진행한 취지 설명에 모두가 밥 퍼줘 놀이를 왜 했는지에 대해 크게 공감하면서 이렇게 간단하고 **재미있는 놀이를 통해 서로의 상황을 이해하는 데 큰 도움이 되었다고 했습니다.**

4. 두 번의 놀이를 마치고 돌아보기

처음 시도하는 **놀이는 사전에 연습**을 해보는 것이 필요하고 **놀이 시간을 여유있게 배정**하고 **교육생들의 특성을 파악**해서 진행하는 것이 필요하다는 것을 알게 되었습니다. 1차 교육의 경우 교육생 서로 간의 친밀도가 낮다 보니 놀이가 적극적으로 이루어지지 않았고 시간을 부족하게 배정해서 쫓기듯 서둘러야 했고 저도 진행이 서툴러서 우왕좌왕하는 느낌이 들어서 아쉬운 부분이 있었습니다. 반면에 두 번째로 진행한 교육에서는 먼저 진행한 경험을 바탕으로 충분한 시간을 두고 익숙하게 진행하여 만족도가 아주 높았습니다.

2차 교육 후에는 집에가서 아이들과 해보겠다는 분, 학교에 가서 학생들과 해보겠다는 분들이 많으셨고 놀이에 사용했던 **도구를 갖고 싶어 하셔서** 원하는 분들께 모두 나누어드렸습니다. 가능하면 도구를 조금 여유 있게 만들어가서 원하는 분들께 나누어드리는 것도 좋을 것 같다는 생각이 들었습니다.

[교수님들이 사탕을 받기 위해 바닥에 엎드린 놀이 모습]

사례 참여자_ **안상윤**

'포커스컨설팅' 대표
항공서비스학 박사
전) 세명대학교 교수

ICAO TRAINAIR PLUS Training Instructor
IATA Cabin Crew Training Course Instructor
통합예술놀이전문가/다문화전래놀이전문가/보드게임지도사

주요활동 커뮤니케이션/스트레스 관리/고객 서비스
연 락 처 focus_88@naver.com

세상의 어둠을 밝히는
호롱불이 되길 바라며

　이훈 선생님이 소통과 공감을 이끄는 〈통합예술놀이〉 책을 출간한다는 소식에 너무 기뻐서 가슴의 벅차오름을 느꼈다. 2019년부터 책 출간에 대한 의뢰가 들어왔던 것으로 알고 있는데, 드디어 현장에서의 농축된 경험을 고스란히 책에 담아 결실로 피워낸 이훈 선생님에게 존경과 축하의 마음을 전한다.

　2018년 겨울, 이훈 선생님과의 첫 만남이 있었다. 어느 날 한 통의 전화가 걸려왔고, 전화 너머로 인자한 목소리의 한 남성분이 "통합예술치료를 배우고 싶습니다"라고 말을 건네왔다. 목소리에서 느껴지는 진정성과 간절함에 왠지 모를 연결감을 느꼈고, 내가 운영하는 [힐링트리 통합예술치유연구소]에서 그해 겨울에 진행되었던 〈과거여성 노숙자대상의 통합예술치료〉와 〈감정노동자인 가사노동자 대상의 통합예술치료〉에 대한 사례발표회에 초대하게 되었다.

　사례발표회 내내 내담자의 변화된 사례를 마음 다해 경청하며 눈시울을 붉히는 이훈 선생님의 모습을 보고, '정말 사람에 대한 연민과 사랑을 가진 따뜻한 사람이구나'라고 생각했다. 이렇게 시작된 이훈 선생님과의 인연으로 우리는 같은 곳을 바라보며 '세상의 어두운 곳에 빛을 밝히는 일을 하자'는 이야기를 참 많이 했다. 이 책의 출판 또한 '세상의 어두운 곳에 빛을 밝히는' 과정의 하나라고 생각한다.

우리 현대인들은 바쁘고 각박한 세상에 찌들어 '자유'와 '창조성'을 잃고 살아가는 경우가 많다. 내면의 '자유'와 '창조성'을 잃게 되면 우리는 무감각하고 무정서 해지면서 아무것도 느낄 수 없는 무미건조한 삶을 살거나, 불안과 두려움에 휩싸여 긴장된 삶을 살아가게 된다. '놀이'는 우리 현대인이 잃어버린 '자유'와 '창조성'을 되찾게 해주는 열쇠가 될 수 있다.

이훈 선생님은 많은 현대인이 잃어버린 '자유'와 '창조성'을 되찾을 수 있도록 돕기 위해 '놀이의 세계'로 초대해 흠뻑 빠져들게 하며, 그들의 내면에 잠들어버린 자유로움과 창조성을 일깨워 주는 마법사 같다. 과장되고 화려한 언변으로 자신을 치장하고 꾸미기보다, 자신을 낮추며 겸손한 자세로 사람을 마주하고 그들의 눈높이에 맞춰 진심으로 알고자 하고, 손잡고자 하는, 사람을 소중히 여기는 '천상 치유자'다. 사람을 대할 때 기법으로 접근하는 것이 아닌, 높은 감수성을 품은 가슴으로 다가가 손을 내밀며 함께하는 열정적이고 진실된 안내자다. 그러기에 현장에서 만난 많은 사람들에게 긍정적인 삶의 변화를 선물하지 않았나 싶다.

이훈 선생님은 '통합예술놀이'라는 분야를 새로이 개척하며 오랜 시간 현장에서 쌓아온 접근방식과 사례를 나눌 수 있는 책이 이렇게 세상에 나온다는 것은

참으로 반가운 일이다. 평소에도 자신의 '앎'을 동료들에게 조금의 망설임도 없이 나누며 '같이'의 '가치'를 실현했던 모습이 기억에 남는다. 이 책에서 다루고 있는 통합예술놀이의 접근 방법과 사례는 교육현장과 임상현장에 있는 많은 전문가에게 길잡이가 되어 그들이 만나는 다양한 사람과의 소통과 만남을 더욱 깊어지게 도울 수 있는 귀한 자원이 될 것이라 믿는다.

예술이 가지고 있는 힘은 실로 방대하고 강력하다는 것을 다시금 증명한 이훈 선생님에게 감사와 존경을 표한다. 이 책이 세상의 어두운 곳을 밝히는 작은 호롱불이 되어 잔잔하고 아름다운 변화를 만들어가길 기원한다.

이정주
[힐링트리 통합예술치유연구소] 대표

통합예술놀이 이렇게 활용하세요!

통합예술놀이 프로그램은 강의 대상과 주제에 맞게 여러 분야에서 활용할 수 있다. 현재 본인의 통합예술놀이를 활용한 주요 강의는 다음과 같다.

- **개인 및 집단 상담** : '피어나는 희망꽃'(치유상담 프로그램)

- **1인 가구/가족/시니어** : '단짠단짠(단단한 나, 짠한 나, 단단한 우리, 짠한 우리) 통합예술놀이

- **초중 경제교육** : '놀이터 경제교실' '경제연극놀이'

- **돌봄교실, 방과후교실** : '창의인성놀이' '전래놀이' '연극놀이'

- 그 외 여러 강의 분야에서 웜업, 스팟, 팀빌딩 프로그램으로 활용

통합예술놀이 교육과정 안내

통합예술공간 '아침교육연구소'에서는 본 책의 내용을 포함한 통합예술놀이 교육 과정을 진행하고 있다. 놀이 중심의 강사 활동을 준비하고 계시거나 자신의 강의에 놀이를 접목하고자 하는 분들을 대상으로 현재 약 100여 명의 '통합예술놀이전문가'가 배출되어서 각 분야에서 활동의 폭을 넓히고 있다.

소통과 공감을 여는 통합예술놀이
통합예술놀이전문가 2급
(민간자격 등록번호 2022-002736 / 문화체육관광부)

치유와 성장을 여는 통합예술놀이
통합예술놀이전문가 1급
(민간자격 등록번호 2022-002736 / 문화체육관광부)
다문화전래놀이지도사 1급
(민간자격 등록번호 2023-002052 / 문화체육관광부)
보드게임지도사 1급
(민간자격 등록번호 2022-002802 / 교육부)

교육과정 문의 및 요청
ggumkis@naver.com / 카카오톡ID ggumkis

소통과
공감을 여는
통합예술
놀이
놀이가 답이다

지은이 | 이훈

펴낸곳 | 마인드큐브
펴낸이 | 이상용
책임편집 | 홍원규
디자인 | 너의오월

출판등록 | 제2018-000063호
이메일 | eclio21@naver.com
전화 | 031-945-8046
팩스 | 031-945-8047

초판 1쇄 발행 | 2024년 5월 20일

ISBN | 979-11-88434-79-4 03370